荣耀中华·华人诺奖群英谱

全球华人的盛世骄傲　亿万青少年的心灵洗礼

以天之语　解物之道
——李政道的故事

主编　项　星

编委　项亚娟　李林杰　吕志宏　项泽忠
汤　洁　唐澜波　周　晓　徐　菲
项龙康　杨雪奎　江国和

WUHAN UNIVERSITY PRESS
武汉大学出版社

图书在版编目(CIP)数据

以天之语,解物之道:李政道的故事/项星主编.—武汉:武汉大学出版社,2016.2(2018.12 重印)
荣耀中华·华人诺奖群英谱
ISBN 978-7-307-17618-8

Ⅰ.以… Ⅱ.项… Ⅲ.李政道—生平事迹—青少年读物
Ⅳ.K837.126.11-49

中国版本图书馆 CIP 数据核字(2016)第 030883 号

责任编辑:聂勇军　　责任校对:李孟潇　　版式设计:马　佳

出版发行:**武汉大学出版社**　(430072 武昌 珞珈山)
(电子邮件:cbs22@whu.edu.cn 网址:www.wdp.com.cn)
印刷:湖北省荆州市今印印务有限公司
开本:720×1000 1/16　印张:9.25　字数:95 千字
版次:2016 年 2 月第 1 版　2018 年 12 月第 2 次印刷
ISBN 978-7-307-17618-8　定价:17.00 元

李政道

李政道，1926 年 11 月 25 日生于上海，江苏苏州人，哥伦比亚大学全校级教授，美籍华裔物理学家，在量子场论、弦论、流体与统计力学、天体物理等众多自然科学领域都做出了举世瞩目的成就。因发现“弱相互作用下宇称不守恒定律”而与杨振宁共获 1957 年诺贝尔物理学奖。

李政道认为自己所做的一切努力是“以天之语，解物之道”。“天之语”，是客观存在所传达出来的信息；“物之道”，是人类作为创造者，在不断的探索和传承中发展出来的科学、文化和道德情怀。李政道觉得自己的追求、感悟及业绩是天人感应使然。

他在中国极力提倡重视基础研究和培养青年学者，创办了中国高等科学技术中心等多个学术组织，为促进中国科学和教育的发展、培养高端学术人才做出了重要贡献。

前　言

青少年是人生的重要阶段，是树立正确的人生观、价值观的关键时期。如何帮助和教育青少年树立远大理想，培养他们的坚强意志，是国家和教育者的重要责任。我们编辑这套图书的目的，就是希望通过给青少年提供极富正能量的人物故事，使他们在阅读中积极向上，为他们的成长和进步尽一份绵薄之力。

《荣耀中华·华人诺奖群英谱》系列图书以简洁流畅的语言、生动有趣的故事，对获得诺贝尔奖的 12 位华人科学家、文学家、医学家等的人生经历、艰辛求学过程和青年时代的奋斗经历以及社会成就等诸方面进行了较为详尽的介绍，以引领广大青少年学习这些杰出人物，走近他们的生活，感受他们的思想和情感世界，并从他们成功的人生经历中汲取智慧和力量，使自己在思想观念、人生目标、学习生活中得到启迪。

莫言，这位第一位获得诺贝尔文学奖的中国作家，由于受到当时社会环境和生活条件的影响，他只读到小学五年级。虽然少年莫言不幸辍学，但是他并没有向命运屈服，他在极度艰难的生活环境下，一刻也没有放弃读书，更没有放弃自己的理想。在无书可读的“下乡”劳动期间，他以《新华字典》为伴，努力研究，背诵里面的生字、解释，并向贫下中农学习，听人们讲故事，从而练就了出众的“讲故事”的天赋。正是这些艰苦的磨练，为他后来走向成功奠定了坚实的基础。

而屠呦呦成功研制出治疗疟疾的“神药”青蒿素则更为艰险，为了研制“神药”，光调查收集这一个过程，屠呦呦和她的课题组成员便筛选了2000余个中草药方，整理出了640种抗疟药方集。他们以鼠疟原虫为模型检测了200多种中草药方和380多个中草药提取物。成功，在190次失败之后。1971年，屠呦呦课题组在第191次低沸点实验中发现了抗疟效果为100%的青蒿提取物，并从这一提取物中提炼出抗疟的有效成分——青蒿素。为了验证青蒿素对人体疟疾的疗效，屠呦呦等人甚至勇敢地在自己身上首先进行实验。

著名物理学家杨振宁和李政道勇于向已知“公认”的定理挑战，经过不懈的努力和推算，终于提出了“弱相互作用下宇称不守恒”定律，打破了被视为物理学金科玉律的“宇称守恒定律”，并因此而获得了次年的诺贝尔物理学奖，成为首次站在瑞典皇家科学院诺贝尔领奖台上的华人科学家。

虽然这些伟大的科学家、文学家、医学家们每人所处的时代、环境不同，但他们辉煌成就的背后，无不浸透了刻苦学习、辛勤工作的身影，无不体现了不屈不挠、勇往直前的奋斗精神，无不彰显着他们对待科学事业实事求是、孜孜以求、不屈不挠的认真态度和拼搏精神。

阅读名人传记，既可以向书本学习知识、开阔视野，又可以了解某一领域伟大科学家的人生经历，尤其对正处于成长发育阶段的青少年来说，阅读《荣耀中华·华人诺奖群英谱》，可以起到良好榜样的示范作用。这一系列图书在丰富孩子们视野、帮助他们树立远大志向的同时，可以把科学家们艰苦的经历与现代年轻人安逸的生活进行对比，使孩子们得到一次灵魂的洗礼，从而增强他们克服困难与挫折的勇气和信心，并产生为之奋斗的不竭动力。

编　者

2016 年 1 月

目 录
CONCENTS

第一章 天才少年的求学历程 / 001

1. “三糊涂”的快乐童年 / 001
2. 闯进联合中学 / 005
3. 艰难的求学路 / 009
4. 浙大遇恩师 / 010
5. 吴大猷的智慧选择 / 015

第二章 赴美留学 / 022

1. 异国他乡的困惑 / 022
2. 芝加哥大学的旁听生 / 027
3. 研究生的通知书 / 032

第三章 师承费米 / 033

1. 终生受益的启示 / 033
2. 博士论文第一名 / 037

第四章 收获爱情 / 041
1. 爱情来敲门 / 041
2. 俘获芳心 / 045
3. 飞来的打击 / 049
4. 贤惠的妻子 / 050

第五章 从普林斯顿到哥伦比亚 / 053
1. 最自由的研究院 / 053
2. 爱因斯坦的祝福 / 055
3. 来到哥伦比亚大学 / 058
4. “李模型”的问世 / 060
5. 乐于助人 / 061
6. 重大打击 / 063

第六章 宇称不守恒 / 066
1. 与杨振宁的合作 / 066
2. “τ-θ 之谜” / 068
3. 提出“在弱相互作用下宇称不守恒”观点 / 072
4. 吴健雄的证明 / 074

第七章 问鼎诺贝尔奖 / 082
1. 与时俱进的科学定律 / 082

2. 诺贝尔奖的猜测 / 084

3. 诺贝尔与诺贝尔奖 / 086

4. 辉煌的时刻 / 090

第八章 延伸的科学之路 / 095

1. 获奖后的生活 / 095

2. 硕果累累 / 096

第九章 深深的爱国情 / 098

1. 第一次回国访问 / 098

2. 第二次回国访问 / 106

3. 向周总理提建议 / 109

4. 毛主席接见 / 111

5. 北京正负电子对撞机的建成 / 116

6. CUSPEA 计划 / 120

7. 君政基金 / 126

参考文献 / 132

第一章
天才少年的求学历程

1. “三糊涂” 的快乐童年

李政道是著名的物理学家，1957 年曾获得诺贝尔物理学奖，可这位大名鼎鼎的科学家，在小时候却有一个不太好听的外号，叫做“三糊涂”。为什么物理学的天才会有这样一个外号呢？这得从李政道小时候的故事讲起。

19 世纪初期，中国正处于帝国主义列强加紧侵略、军阀混战的社会动荡年代，但在上海的一户李姓人家里，却仍然过着平静、安宁的生活，这家的男主人名叫李骏康。

李骏康祖籍在江苏苏州，世代都是读书人，典型的书香门第。李家是当地有名的望族，而且较早地接受了西方文化。李骏康的祖父名叫李子义，是江苏东吴大学（今苏州大学）的创办人之一。父亲李仲覃，是基督教的神学博士，为人善良、公正，一生致力于基督教的传教工作，担任了苏州圣约翰教堂的第一位华人牧师，后来又成为苏常沪区内主任传道、教区长，在当时的国际宗教界有很高威望。至今在苏州大学的东门外，还有一块纪念李仲覃牧师的纪念碑。

当时美国的基督教监理会在中国创办了苏州博习书院、宫巷书院和上海中西书院，1900年，三所学院合并在一起，称为东吴大学，也就是今天的苏州大学。李骏康的祖父、伯父、父亲都是这所学校的创办人，而且伯父李伯莲和叔父李叔青都在该校任教。

李骏康是南京金陵大学农业化学系的第一届毕业生，大学毕业后，他进入上海一家德国化肥厂工作。后来通过努力，开设了一家做化肥进口贸易的公司。在上海经商期间，他结识了上海启明女子中学毕业的张明璋小姐。张明璋天生丽质，又受过良好的教育，与李骏康非常谈得来。不久，两人坠入爱河，组建了幸福的家庭。

李骏康为人聪明、踏实、谦虚、随和，经营的化肥公司也很快步入正轨，事业家庭都一帆风顺，李骏康感到生活一天比一天美好。

1926年11月25日，这天的上海像往常一样安宁祥和，平时忙忙碌碌的李骏康没有像往常一样，早早就去公司料理生意，而是站在自家的庭院里，不停地在窗前的树荫下来回踱步，一会儿他伸头隔着窗玻璃向室内张望一下，一会儿又心不在焉地来回走几步，不时地搓着手。在李家的上屋内，史密斯医生正在为李骏康的夫人接产。虽然这已经是他们的第三个孩子了，但李骏康的内心还是非常紧张。

“哇……”忽然，一声嘹亮的婴儿啼哭声从屋内传了出来，李骏康心头一阵悸动。这时，史密斯医生推开门大步走了出来，高兴地喊道：

“李先生，恭喜您，李府又添了一位小公子。”史密斯医生操着蹩脚的中文说，“孩子非常健康！”

“真的！太好了！谢谢您，史密斯医生！”李骏康上前握住史密斯医生的手，一颗悬着的心终于落下了。

抱着白白胖胖的儿子，李骏康心头充满了慈爱与温暖，他想一定要给儿子起一个响亮的名字。李家的族谱是由先祖排定的12个字：“子应骏，道中善，乐为本，义永守。”李骏康下一辈名字中要有一个“道”字。李骏康知道，家族的族谱体现了祖先对后代子孙的道德要求，于是，他沉吟许久，给自己的三儿子取名“政道”，寓意“人间正路”的意思。

李政道从小就聪明，机灵，什么东西一看就会，父母也把更多的宠爱给了他。时间过得很快，一晃小政道就慢慢长大了。李政道的童年时代虽然正值军阀混战的乱世，民不聊生，中国到处都是战火和硝烟，但是父母却为他营造了一个安宁、温馨的生活环境。家里经济上的富裕、父母思想上的开明，使李政道的童年在无忧无虑和快乐自由中度过，而且还接受了良好的启蒙教育，他从小就养成了乐观、开朗、积极、踏实的性格。

那么，聪明机灵的李政道为什么会被叫做“三糊涂”呢？原来小时候的李政道虽然聪明，但表现的方式却与别的孩子不同，他总是沉浸在自己的“问题世界里”，像天空为什么会打雷、冬天为什么会下雪、小鸟为什么要飞到那么远的南方等，都是他要思考的问题。他在思考问题时非常专注，有时连旁边人喊他都听不见，大人见他总是一副心不在焉的样子，回答问题时又总比别的孩子慢半拍，于是就都叫他小迷糊，后来因为他在家里排行老三，因此就得了“三糊涂”这个绰号。从今天李政道取得的惊人成就来看，也许这就是大智若愚吧。

李骏康虽然生意繁忙，但在孩子的教育方面却从不马马虎虎，他尽力为孩子们营造出舒适、安宁的学习氛围，而且还借鉴西方教育方法，鼓励孩子多读书，多思考，多提问题，以充分发挥孩子们的想象力。而孩子们对他提出的那些稀奇古怪又充满天真童趣，甚至是天马行空的问题都非常喜欢和感兴趣，都认真地进行回答。李骏康教育孩子时虽然有时非常严厉，但他却从不训诉孩子们，因此李家上下，无论大人孩子，都可以平等交谈。

有一天，四岁的李政道忽然想到了一个问题，一连思考了几天都没有得到答案，于是他就跑去请教爷爷。

“爷爷，您说上帝在哪儿呢？如果在天上，那为什么不会掉下来呢？”

“三糊涂”的问题让神学院毕业的爷爷又吃惊又高兴，他发现这个说话办事总是慢半拍的孩子，思考的问题已经涉及了物理等许多科学知识，他为孩子的善于思考感到由衷的欣慰，于是耐心地对孙子说：

“你知道人为什么只能站在地上，不能像小鸟一样飞到天上去吗？那是因为我们人类都有体重，而地球又有吸引力，所以人不能像鸟一样飞到天上去。而小鸟的体重很轻，又有翅膀，可以借助风力飞上天。而上帝虽然没有翅膀，但他的密度与空气相同，所以他可以呆在任何地方，即使在天上也不会掉下来。”

小李政道听了爷爷的话有些似懂非懂，他虽然不理解爷爷的解释，但是“密度”这个物理学词语却引起了他的兴趣。他想，如果自己的密度也和空气一样，那么就能随时随地飘在空中，那该多有趣啊！

李政道 5 岁以后，李骏康就安排他开始认字。李家一共有六个子女，每个孩子到了识字的年龄，李骏康都会单独请来一位家庭教师，教授他们语文、数学、地理、植物等方面的知识。“三糊涂”在数学方面的才能迅速表现出来，哥哥们没有做出来的难题，他一看就会，敏捷的思维和独特的方式，有时让大人们都不得不惊叹。

2. 闯进联合中学

与李家安宁的家庭环境相反，此时的中国社会更加动荡不安。1931 年，日本帝国主义发动了“九一八”事变，侵占了我国的东北三省，并且成立了伪满洲国。到了 1937 年，日本侵略军又发动了卢沟桥事变，迅速占领了北京、上海、南京等城市，中华大地已经没有“放下一张平静书桌的地方”了。上海被日军占领后，正在读小学的李政道不得不跟随父母，从生他养他的故乡来到了爷爷家——江苏省苏州市。

虽然社会环境动荡不安，但李政道的父亲李骏康还是决心排除一切困难，尽量为孩子们创造一个较好的学习环境，将没有读完小学的李政道暂时送到东吴大学附中学习。可苏州也不是安宁的地方，经常有空袭警报响起，每到这时，学校就要组织学生们躲藏起来，正常课程就要被打断。李骏康夫妇一商量，既然是这样，还不如把李政道与两个哥哥送到嘉兴，让他们在那里安心上学。

嘉兴自古以来就是富庶繁华之地，交通便利、物产丰富，对于从小在上海长大的李家兄弟来说，是再好不过的学习之地了。于是三兄弟又来到了鱼米之乡，进入了浙江嘉兴秀州中学。

李政道非常喜欢读书，只要有书读、有学上，其他什么事他都会抛到九霄云外。他深知安宁的学习环境来之不易，在秀州中学更加用功。有时为了读书，他甚至忘记了吃饭、睡觉。他的哥哥开玩笑说，李政道即使弄丢了自己都不会弄丢一本书。

可是让李家兄弟万万没有想到的是，战火竟然很快烧到了嘉兴，安静学习的愿望再次被打破。父亲李骏康不得不再次让孩子们转移，这一次他选择了较偏远的江西联合中学。

江西省是当时的“自由区”，虽然条件比不上大城市，但远离警报和枪炮声，社会秩序相对安宁，于是李政道和他的大哥李宏道、二哥李崇道一起又被送到了江西赣州，住进了专门为流浪学生设立的招待所。生活上有了保障，可三兄弟的上学问题却迟迟得不到解决。原来由于战争破坏，江西的教育也面临很大压力，省教育厅决定：江西联合中学暂时不接收外地学生。这可急坏了一心要把儿子们培养成才的李骏康，而读书心切的李政道更是暗下决心：“一定要想办法进入联合中学！”渴望学习的迫切心情竟让他跑到江西省教育厅厅长的家里，希望能够说服他接收自己。

要是在正常情况下，李政道根本进不了厅长官邸的大门，凑巧的是这天站岗的警卫员是个极势利的人，他见李政道衣着光鲜，

就问他是从哪里来的，当听说这个少年来自上海时，心想：一定是什么大官的亲戚，不然这么一个小毛孩子怎么敢找厅长，于是就将李政道带到了厅长会客室。

李政道走进会客室，只见一个戴着金丝眼镜，身穿灰色西装，年龄大约40岁的男子坐在沙发上，正专心看着报纸。

见李政道进来，他放下了报纸，一边示意李政道坐下，一边问道："你是从上海过来的？"

"不错，我是从上海来的。"李政道心想，这一定就是教育厅厅长了。

"那找我有什么事呀？"

"上海被日本人占领了，我想去江西联合中学读书！"

"噢？想读书是件好事嘛，你父亲是做什么的？"厅长微笑着问。

这下李政道可糊涂了，心里想："读书跟我父亲的职业有什么关系？"

"我爸爸是一位商人。"李政道说。

"噢？江西可比不了上海呀，条件非常艰苦，近期来这里上学的人太多，我们已经不接收外地的学生了。"厅长一边说，一边又重新拿起了报纸继续看。他问清了李政道只是上海来的逃难学生，就想把他打发走。

这一下李政道可急了，连忙走上前说道：

"厅长大人，您看，日本人现在侵略我们的国家，杀害我们的同胞，不就因为我们国家的科学技术落后吗？教育是改变落后的唯一方法！您现在为了国家的教育事业，殚精竭虑、日夜操劳，不也是为了中国将来的发展吗？我从上海到苏州，又从嘉兴来到这里，就是为了上学，请您给我一个学习的机会吧！”

或许是李政道言辞恳切的请求打动了厅长，又或许他说的“殚精竭虑、日夜操劳”等话让厅长觉得顺耳，反正几天后，三兄弟进入了江西联合中学。

学校是闯进来了，可是由于战争，学校的正常教学秩序已经受到了严重的影响。为了支援前线，学校里不仅物资短缺，没有基本的教学设备，就连老师也非常缺乏，学校不得不停开一些课程。

即使是这样，能有地方读书，李家三兄弟已感到非常满足。特别是李政道，极为珍惜这来之不易的学习机会，他废寝忘食，日夜苦读。当时蒋经国推行“赣南新政”，在赣州建有一所经蒋经国命名的图书馆，这可乐坏了他，除了在学校学习以外，他的所有业余时间都在那里度过。

转眼间两年过去了，李政道不但在联合中学功课优异，还成了江西联合中学的一名“小老师”。

事情是这样的，在他上高中二年级的时候，江西联合中学接连转走了几位老师，让本就教师缺乏的学校不得不停开了高一年级的物理课，这就严重影响了学校正常的教学活动。而此时的李政道，由于各科成绩优异，已得到许多老师和校领导的关注，于是教导处的主任就大胆起用李政道，让他为一年级的学生代讲物理课。

当时李政道只有 16 岁，他心里非常紧张，本想拒绝。可是教导主任告诉他，如果他不能代课，高一的学生就只有停开物理课了。李政道想到自己当初没有学上的滋味，于是下定决心，一定要代好物理课。

可是当老师并不是一件容易的事，不但要讲解知识，还要得到一群只比他小一岁学生们的支持与信任。开始时，那些学生看到老师竟然是和自己差不多大的孩子，都不把他放在眼里，上课时经常调皮捣乱。李政道索性就把自己天真的童性拿出来，与他们一起玩。在玩的同时，把物理知识融入其中，让学生们看到掌握物理知识的重要性。这样一点一点地，把学生们的注意力引到学习物理知识上来。慢慢地，他所教的班级不但成绩优异，而且课堂气氛十分活跃，学生们更愿意开动脑筋思考问题。见教学效果如此之好，不久，教导主任又把高一数学课教学任务也交给了他。

3. 艰难的求学路

转眼间，李政道的高中即将毕业，他又为自己制订了下一步的学习计划——报考浙江大学。因为他听说当时的浙江大学有束星北、胡刚复、王淦昌等有名的物理学教授。

抗日战争的爆发让浙江大学被迫几次转移，据说现在已经迁到了贵州省贵阳市。如果李政道参加完联合中学的考试，得到了中学的毕业证，就赶不上全国大学的统一考试，只有再等一年才能上大学。而当时社会动荡，浙江大学已经几次转移，说不定什么时候地址又会变动。李政道思考再三，觉得不能错过全国大学的统一考试的机会，于是就放弃了中学毕业考试，独自离开江西赣州奔赴贵州参加高考。

此时的李政道尚不知道他的这个决定有多大的风险，从赣州到贵州要经过敌占区，那可是九死一生的考验。如果要避开敌占区，就只有从江西进入广西，经过广东，再进入贵州。当时的中国由于连年战争，社会秩序混乱，强盗、土匪横行，那么远的路途别说一个十来岁的孩子，就是经验丰富的成年人，也是危险重重。

然而，对物理的热爱让这个天才少年充满勇气，他信心满满地踏上了求学的“长征之路”。

开始他与同学结伴而行，可是后来同伴一个一个地离开，最后只剩下了自己。贵州地区山高水险，经济落后，交通极为不便，“天无三日晴，地无三里平，人无三分钱”就是当时贵州省的真实写照。为了能按时到达，李政道尽量遇到什么车就坐什么车，人力车、烧木材为燃料的汽车，甚至连运送士兵的卡车他都坐过。

一路上，李政道遇到了他有生以来最艰难的日子。由于正值夏季，许多地区流行病频发，他不但染上了疟疾，还得了痢疾。一个只有十几岁的孩子，身在他乡染上疾病，不但每天要忍受高烧、呕吐、腹泻等折磨，还不能停止脚步，需要日夜赶路。贵州大多是山地，他忍受着巨大的病痛爬过一座又一座高山，攀上一个又一个悬崖，以顽强的求学意志，历经两个多月的艰苦跋涉，终于在 1943 年 8 月到达了贵州省贵阳市，向他的求学之路又迈进了一步。

4. 浙大遇恩师

李政道到达贵阳后，按时参加了全国大学的统一考试，以优异的成绩考入浙江大学电机系，他松了一口气，心想：“终于有机会见到束星北和王淦昌教授了。”此时的李政道沉浸在幸福之中，求学路上所经历的一切痛苦对他来说都是值得的。

可是事与愿违，正当他满以为可以安下心在浙江大学读书时，日军又打到了贵州，贵阳战事吃紧，刚戴上浙江大学校徽的李政道，连一节完整的课都没有上过，便又跟着浙大一起向北转移。

李政道没有一句报怨的话，因为只要能在浙江大学上学，跟着自己仰慕的两位老师学习，无论吃多少苦，受多大的累，他都认为值得。

当时浙江大学的校长是著名科学家竺可桢，竺校长可真不容易，在战火纷飞的年代，他为了中国的教育事业，为了保护国家建设的人才，多次带领浙江大学转移。在经过了几千公里的长途跋涉后，来到现在的贵阳市，可眼下又不得不继续转移。这一次他选择了距离贵阳市几百公里的小镇——湄潭县。湄潭县没有能容纳浙江大学全体师生的教室和宿舍，于是竺校长又把浙大一年级的学生迁到了距湄潭县 15 公里处的永兴场。

形势是严峻的，条件是艰苦的，李政道从简陋的永兴场开始了他大学里正式的学习生活。他所在的班级有一位名叫束慰曾的同学，与李政道很谈得来，两个年轻人经常在一起讨论问题，有时争得面红耳赤。束慰曾辩论不过李政道，就打算带李政道去他叔叔家，请叔叔来评判。

两人离开永兴场来到了湄潭县，在一户普通的农家院落里，李政道见到了好朋友的叔叔，没想到竟是自己仰慕已久的浙大教授束星北，原来束慰曾就是束星北的侄子。

真是踏破铁鞋无觅处，得来全不费工夫，李政道梦寐以求想要见到的物理学教授，竟然就是好朋友的叔叔，这可把他乐坏了，心想：这么一来，自己就有更多机会向束教授请教问题了。经过简单的交谈之后，束星北就发现侄子的这位同学在数学和物理方面具有很高的天分，于是建议他将原来的专业电机系改为物理系。

其实李政道在当初报志愿时，因为年龄小，不太明确自己的专业，而电机专业的分数最高，按照规定可以转到其他系，所以才把志愿填为电机系。在听到束教授的建议后，他立即申请转到束教授所在的物理系。

束星北教授是中国老一辈著名的物理学家，他曾留学欧美，获得英国爱丁堡大学和美国麻省理工学院的硕士学位。1931 年，他回到了受侵略、受压迫的祖国。回国后，他曾一度投笔从戎，参加了全国的抗日战争工作。后来，由于国家的需要，又投身教育事业，先后在浙江大学、暨南大学、交通大学任教，用自己渊博的知识，为祖国培养出许多科技人才，为中国的教育和科研事业做出了杰出的贡献。

束星北教授对李政道的影响很大，后来李政道回忆，称束星北和王淦昌两位恩师，是他进入物理世界的领路人。

自从李政道遇见了生命中的第一位“伯乐”——束星北教授后，他的学业便有了很大的进步，束教授对这位年轻的物理学天才给予了特殊的培养。当时条件艰苦，仅有的物理实验室设在湄潭县的一座破庙里，物理实验材料和仪器残缺不全。但是在束教授的带领下，李政道钻研物理奥秘的热情却与日俱增。

永兴场是一个非常落后的小山村，村民晚间都使用油灯，根本不知道还有电灯的存在。浙江大学原来的实验室里有一台旧发电机，可惜在搬迁的途中摔坏了，束星北教授就带领李政道等一批学生在湄潭县实验室里，经过几十个日日夜夜的努力，终于把发电机修好了。他们把发电机带到永兴场，选择一块空地，在附近拉上电线，安装了几个灯泡，让这个封闭的小山村第一次看到了科学带来的光明。而学生们在修理的过程中，不但增长了知识，还锻炼了实际操作能力。

束教授在浙大的教学任务繁忙，但他至少每两周都要去一次永兴场，为李政道等一年级的物理系学生做特别的辅导。在永兴场的教室里，经常能听到他们激烈争辩的声音。李政道也经常跟随束慰曾去湄潭县的束教授家里，每一次师娘都会做许多好吃的招待他们。饭后，束星北就会带着他们去湄潭县寺庙的物理实验室，向他们传授物理知识。如果晚了，三个人就睡在那里。

王淦昌是束星北的同事，也是物理系的教授。通过不断接触，王教授十分喜爱聪明、上进的李政道，在物理方面给予了他特别的关注和积极的引导。

王淦昌教授是清华大学的第一届本科毕业生，后来留学德国，在1934年获得博士学位后，回国任教。新中国成立后，从事高能物理的研究工作，为我国的原子弹和氢弹的研制，做出了重大的贡献，是我国的“两弹元勋”之一。

王淦昌与束星北一样，也经常去大一学生的所在地——永兴场，与新生一起座谈，向他们讲解物理这门学科的重要作用，为他们描述物理学将来对于祖国建设的重要意义，这些对李政道后来立志从事物理研究起了很大的作用。

就在李政道跟随两位老师潜心学习物理的同时，日本侵略军又向贵州发动了进攻，1944年底，浙江大学被迫再次转移，此时李政道也遇到了人生当中的又一次劫难。

当时李政道的母亲在重庆，动荡的年代让这一家人四处分散。李政道在看望母亲途中，乘坐的卡车发生了意外，他连同一卡车的货物翻进了山谷里……

“我还活着吗？”这是李政道醒来后的第一个反应。

此时的他已经在浙大工学院的医院里整整昏迷了一天，醒来后一动也不能动，身上多处受伤。母亲坐在床边看着浑身缠满纱布的儿子，掉下泪来。李政道在医院里度过了难挨的一个月，等到他伤好出院时，日本军队已经打过来了，浙江大学在转移途中分散，学是上不成了！看到硝烟弥漫的母校，李政道又产生了参军的念头。残酷的社会现实让他觉得通过科学知识报效祖国的愿望太渺茫，还不如上前线杀敌来得直接。李政道的这种想法让束星北和王淦昌教授非常着急，当时两人已经转移到了重庆，他们一方面坚决不同意李政道参军，另一方面积极为李政道想办法联系其他大学。束星北还让接他家人的车把李政道一同带到重庆，因为他深知，李政道具有极高的物理天赋，如果参军，国家将会损失一个天才。

李政道到达重庆后，束星北教授又动之以情、晓之以理，彻底打消了他参军的念头，并且与王淦昌一起为李政道物色学校，他们向李政道推荐了当时云南昆明的西南联合大学。这所学校李政道并没有听说过，但其实该校却大有来历。

1937年7月7日，日本发动卢沟桥事变，全面侵华战争开始，之后北京、天津相继沦陷，清华大学、南开大学和北京大学，当时三所全国最高的学府被迫转移，他们先是迁到了长沙，后来又到了云南的昆明，三所学校在战争时期组成了一个联合的学校，叫做西南联合大学。1938 年 5 月 4 日，西南联大在昆明恢复上课，直到八年后抗日战争胜利，西南联大才完成使命，三所学校各自迁回了原址。

在西南联大里，名师荟萃、学者云集，中国当时一大批最优秀的科学工作者都在其中，光是物理系就汇集了清华大学的叶企孙、吴有训、周培源、赵忠尧、王竹溪、霍秉权，北京大学的饶毓太、吴大猷、朱物华、郑华炽、马仕俊，南开大学的张文裕、许贞阳等近 20 名当时国内最知名的物理学家。这样强大的教师阵容是任何一所学校都不能与之相媲美的，也让迷茫的李政道心中燃起了希望之火。

这么好的学校怎么才能进入呢？李政道又犯了难。

就在他投师无门、焦急万分的时刻，姑妈想起一位朋友曾经认识北京大学的物理学教授吴大猷，或许他能帮上忙。就这样，李政道拿着姑妈朋友的一封推荐信，奔赴云南。

5. 吴大猷的智慧选择

到了昆明后，李政道花了很长时间才找到西南联合大学的所在地，与浙江大学一样，西南联大的教学条件也是极为简陋。学校大门由石块垒起的两根石柱组成，上面订了一块木板，上面写着“国立西南联合大学”几个字，教师与学生被分散在了附近的几个小镇上。当李政道把推荐信递到了吴大猷教授的手上时，吴

战火中的西南联大学生宿舍

教授根据署名想了半天，才回忆起此人是自己刚到美国租房时的前一任房客。虽然只有一面之缘，但吴教授热心帮忙，积极为李政道联系转学。

可是西南联大有规定：凡是转学过来的学生，一定要在学期结束时通过考试，合格后才能入学。从这一点上我们也可以看出，即使在战争年代，三所名校依然坚持严谨的校风。

李政道来到这里的时候，学校正处在学期中间，没有办法进行考试。这可怎么办呢？看到近在咫尺的大学却上不了，李政道急得坐立不安。吴大猷劝他先不要着急，找一家旅馆住下，自己再想想办法。

其实吴大猷教授完全可以把这件棘手的事情推掉，但是他看到李政道如此渴望读书，心里非常高兴。在当时特殊的战争年代，人们过着朝不保夕、颠沛流离的生活，没有多少人会重视学业。

而像李政道这样有上进心、爱学习的年轻人更是少之又少，吴教授想尽自己最大的努力帮助这个想上学的孩子。他找到了教导主任，商量看能不能让李政道作为旁听生先在二年级听课，到期末再参加考试，这回教导主任爽快地答应了。几天以后，李政道进入了西南联大，成为了大学二年级的一名旁听生。

当时西南联大的教学环境非常艰苦：临时搭建的房屋作为教室兼宿舍；破旧、残缺的木板订成上、下铺的双层床；每个屋子里有20多名学生挤在一起生活。卫生条件更是不用提，昆明一年四季草木长青，被誉为“春城”，可如画的风景对于当时西南联大的师生来说却不是一件好事。由于温度变化小，湿度适宜，宿舍里蟑螂、臭虫横行，随时光顾他们的饭盒与床铺。1944年正是抗战的关键时期，日本帝国主义的飞机更是猖狂，联大的老师和同学们不时要钻进防空洞躲避。

虽然条件艰苦，但李政道的学习热情并没有减少。也正是在这里，李政道系统了解了现代物理学的发展历史。

从19世纪末到20世纪初，在短短的40多年时间里，物理学的发展超过了几千年发展的总和。新思想、新发现、新理论不断涌现，使人们对物质世界的认知水平有了大幅度的提高。自1895年伦琴发现了X射线，揭开了现代物理学发展的序幕后，贝克勒发现了放射性，汤姆生发现了电子（阴极射线），再到1900年黑体辐射经验公式的提出，引进“能量子”的大胆假设，现代物理学的基础已经初步奠定。从20世纪开始，爱因斯坦创立了狭义的相对论，提出了“光量子”假设，从而成功地解释了光电现象。不久以后，卢瑟福发现了原子核，建立了原子结构的有核模型，玻尔又把量子化的思想引入到原子结构模型中，成功解释了氢原子光谱。到 1914 年，德布罗意提出了物质波假设，把波粒二象性推广到所有微观客体，接着量子力学诞生了。1932 年，查德威克发现原子核还可以分为质子和中子，1933 年，费米教授提出了 β 衰变理论，1934 年，居里夫人发现了人工放射性。物理学日新月异的发展，像一块巨大的磁石，深深吸引着李政道。

二年级的课程对李政道来说非常轻松，在听课之余，他常常跑去吴大猷量子力学课堂旁听。他的积极努力吴教授都看在眼里，虽然表面上不动声色，内心却非常高兴。

李政道喜欢解难题，特别是具有挑战性的题目，吴大猷教授就给他出了很多物理方面的难题，拓展解题思路。看着李政道还是做得不过瘾，吴教授干脆拿出珍藏多年，由美国沃尔林教授编写的《物理学》，让李政道试着解其中的题目。这本书包含了许多大学高年级的物理知识，别说是二年级的学生，就是大学毕业生要解出来，恐怕也要花费一番力气。

李政道拿到书后废寝忘食、如饥似渴地读着解着，全部精力都集中在这本书上。没过多久，居然将书中的题目全都做完。当他把书和解题本交给吴大猷时，这位大名鼎鼎的教授着实吃了一惊。

“书中有很多关于大学高年级的知识，你是从哪里学来的？”吴教授问。

“是从这本书上看到的。”李政道一边说，一边从书包里拿出了一本书。

“这是我在浙江上大学的时候，束星北老师送给我的，当时的

我没有学上，没有书读，既迷茫又困惑，不知道自己该干什么，束老师就把他珍藏多年的《电磁学》送给了我。”

其实束星北教授非常了解李政道的自学能力，这本书是他在英国爱丁堡大学随同导师达尔文先生研究时用过的，书中涉及了许多剑桥大学的难题，而在这些题的解答中，需要运用极广的知识面。李政道特别爱动脑筋，喜欢钻研难题，他在病床上的时候，就是靠这本书打发日子。后来，李政道没有辜负恩师的良苦用心，不但详细解答出了每一道题，还把解题思路和方法汇编成册，托人带回浙大物理系。多年以后，李政道每每说起往事，对束星北教授的感激之情溢于言表，他在第一次回国时，就给束教授写信，可惜正赶上我国的“文革”时期，他日思夜想的束老师正在青岛接受劳动改造。

李政道的解题能力让吴教授非常惊讶，更让他万万没想到的是李政道竟然从小学、初中到高中都没有毕业，只是间断性地在学校学习了一段时间，其余知识都是靠自学得来的。他对这个勤奋的天才少年更加欣赏，心想：“这样既有天分又有毅力的孩子真是少见。”

就这样李政道在大学二年级当了一个学期的旁听生后，以优异的成绩正式考入西南联合大学的二年级物理系，联大超强的教师阵容给了李政道汲取知识的沃土，他在这里如饥似渴地学习着。

吴教授也经常邀请李政道去家里做客，师生愉快地谈论着热爱的物理知识。李政道对吴教授非常尊敬，如果拜访时遇到教授不在，他就帮师母干活，劈柴、挑水、扫地、整理房间什么事都干，吴夫人也非常喜欢这个勤快聪明的孩子。

几个月后，中国人民的抗日战争取得了伟大的胜利，全国人民沉浸在无比幸福之中。西南联大的师生们更是高兴，他们终于可以扬眉吐气，不再受帝国主义的压迫，也不用再过四处迁移的漂泊生活了。

一天，学校突然接到当时国民政府教育部的紧急通知，邀请吴大猷、华罗庚和曾昭抡三位西南联大知名的教授赴重庆，与国民党军总参谋长陈诚将军会面，说有要事相商，并派来了专车。

三位教授被请到陈诚将军的官邸后，陈将军讲明了事情的缘由。原来在世界反法西斯进入全面反攻时期，为了迅速打败日本侵略者，美国将新研制成功的核武器——原子弹投到了日本的广岛和长崎，新武器的巨大威力引起了世界的震惊。虽然日本投降了，但要让国家发展强大，必须掌握先进的科学技术，因此，国民政府决定将“庚子赔款”作为经费，派一批有潜力的科技人才到美国去学习，尤其是学习研究新式武器的数学、物理、化学等知识。教育部分给西南联大数学、物理、化学每个系两个名额，请三位教授推荐人选。

当时中国由于连年的战争，科学技术水平非常落后，能出国留学，接触当时世界顶尖科学知识，是当时西南联大学生梦寐以求的事情。在出国人选上，三位教授非常认真和慎重。数学家华罗庚推荐了孙旺本，后来又选了徐贤修；曾昭抡教授选了唐敖庆和王瑞；吴大猷教授经过一番深思熟虑，选了在联大物理系当助教的朱光亚和正在读本科二年级的李政道。

其他的人选学校都没有异议，只是在推荐李政道时，学校提出了质疑。因为按照李政道现在大学二年级的学历，他根本没有出国留学的资格，学校的一些人甚至认为吴大猷教授是不是和李政道有什么亲戚关系。可是吴大猷教授衡量一个人的能力，不是看他现在的学历有多高，而是要看他的潜力有多大。他顶住压力、不改初衷，多次向校方陈述理由，介绍李政道在物理方面的杰出才能。他说：“我们选拔学生，不是看他现在的学历有多高，而是要看他的潜力有多大，将来的发展空间有多少，我坚信李政道是可造之才。”在吴教授力排众议、一再坚持之下，李政道终于踏上了出国留学的求学之路。

许多年后，当李政道成为诺贝尔奖的获得者时，人们赞扬吴大猷教授的慧眼识珠，老教授只是谦虚地说：“不是我选择了他，而是他千里迢迢跑到云南来找我，是他选择了我。”

而李政道对吴教授的知遇之恩也是铭记在心，多年以后，在他60岁生日时，许多留学生前来表示祝贺，而他举起酒杯第一句话就说：“我首先要感谢的就是吴大猷先生，是他把我带到了美国，给了我这样的机会，如果没有吴先生的极力推荐，也就没有李政道今天的成绩。”

一番发自肺腑的话语充满了对吴大猷先生的感激与怀念。

第二章
赴美留学

1. 异国他乡的困惑

当李政道得知自己被吴大猷先生推荐到美国留学时，非常震惊。要知道他只是一名大学二年级的学生，在这所人才济济的大学里，怎么选也轮不到他，可见老师对自己的偏爱与期望。

而此时，学校里也传出了他与吴大猷是亲戚关系的流言，甚至有人还拿出当时吴教授帮李政道办转学的事情来编造故事，说他们从一开始就认识，有特殊的关系。这些流言让李政道非常愤怒，甚至一度产生放弃留学的念头。还是吴教授来找他，对他说："不要管别人说什么，我做事只对自己的良心负责。我都不怕，你怕什么？放心吧，我的眼光不会错，老师只是希望你珍惜这次机会，在国外好好学习，做出成绩。"

李政道心里充满了感激，暗自下定决心："一定不能辜负老师的期望!”

他为出国留学认真作着准备，在物理和数学方面，他想自己的问题不会太大，但英语水平却亟待提高。为此，李政道去书店买来相关书籍，日夜苦学。每天早晨，天刚亮，他就带着英语书早早去校园里练习口语；为了使自己的发音标准，他经常跑到外语系，请求外语系的同学帮忙纠正错误。而吴大猷教授为了给这次的留学人员打好基础，使他们能有更好的原子物理和核物理的知识，也是想尽办法，还特别为他们开设了量子学课程。

一切准备就绪后，1946 年 7 月，一行人登上了开往美国的轮船。当轮船起锚的那一刻，对祖国、对家乡、对亲人的眷恋一下子涌上了李政道的心头，他站在甲板上，看着渐渐远去的岸上人群，泪水模糊了双眼……

接下来几天，李政道晕船，每天都是昏昏沉沉的，再加上对亲人的思念，情绪特别低落。吴大猷先生为了给他和朱光亚解除旅途中的疲劳和寂寞，就给他们上起了历史课，给两位留学生讲解美国的历史。这下可把两个年轻人的注意力吸引过来了，通过吴教授讲故事似的叙述，不但加深了他们对美国的了解，调节了思乡的情绪，就连性格也都变得开朗了。

吴大猷是这样描述美国历史的：美国所处的北美大陆，最开始是一片荒凉的土地，后来有一批又一批的移民来到这里，他们中有冒险家、传教士、商人、农民……经过一百多年的辛勤耕耘，移民者用自己的汗水将这片荒凉的土地变成了美丽的家园。

可是好景不长，1607 年，一艘载着一百多人的英国船只来到这里，在海滩建立了詹姆士镇，这是英国在北美建立的第一个永久性殖民地。此后，这片土地开始了它的被殖民时代。随着正在进行资本原始积累的西欧各国相继入侵北美洲。到18世纪中期，英国殖民者已经在这片土地上建立了13块殖民地，伴随着万恶的奴隶贸易的盛行，北美大陆的人们过着被剥削、被压迫、水深火热的生活。哪里有压迫，哪里就有反抗，这群追求自由的移民又开始了争取独立的战斗。

1775年4月，莱克星顿的枪声揭开美国独立战争的序幕，打响了这里的人们为争取自由的第一枪。到了1776年7月4日，追求自由的人民发表了《独立宣言》，向全世界宣告他们争取自由的信心。宣言中阐明：一切人生下来都是平等的，都具有追求幸福与自由的权利。宣言中还淋漓尽致地控诉了英国殖民主义者在美洲大陆犯下的种种罪行，最后庄严宣告这片土地为美利坚合众国，脱离英国而独立。而殖民者建立的13个殖民地，便成为后来美国独立的13个州。7月4日这一天，也成为美国人民永远纪念的节日，被定为“独立日”。1781年，美利坚人民取得了决定性的胜利，他们欢呼、庆祝。两年后，英国殖民者被迫签订了《巴黎条约》，美利坚人民结束了独立战争。这次争取人民自由独立的战争充分展现出了美国人民面对殖民统治，表现出来的勇气与智慧。

听着吴大猷对美国历史的讲述，李政道与朱光亚想到了曾处于日本帝国主义侵略下的祖国，憧憬着有一天中国人民能够彻底打败侵略者，当家做主，过上幸福的生活，自己也有机会用所学的知识建设祖国。

“我这次出国参加会议，就是要考察美国关于原子物理和核物理的先进科学技术，而你们两人在美国，不但要了解现代物理研究情况和理论知识，还要通过不断的实验，提高实际技术水平。”吴大猷教授语重心长地说。

接着他又告诉了两人在美国可能遇到的一些问题。因为当时中国落后，所以在美国经常会遇到被歧视、被蔑视的事情，而这种问题也没有更好的解决办法，只有通过自己的努力，做出成绩，为祖国争得荣誉，才能让外国人刮目相看。

轮船终于靠岸了，李政道怀着既兴奋又忐忑的心情下了轮船。华罗庚安排他们住进了预定的旅馆，自己出去理发。可过了很长时间，才见华教授垂头丧气地回来，大家连忙问怎么了？只见华教授无可奈何地摇了摇头，讲述了事情的经过：原来他走进了一家理发店，理发师问他要不要洗头，他听得也不是太明白，就点了点头；洗完头开始剪发，剪完后又问他要不要吹风，他也含含糊糊地点了点头；后来又问他要不要按摩，他还是似懂非懂地点了点头，这样到结账时，竟然要30美元。别说是中国的留学生了，就是美国的一般家庭，也消费不起啊！原来理发师问的都是收费的附加项目，华教授没有听懂，胡乱地点头，结果伟大的数学家为此付出了惨痛的代价。

语言不通让他们闹出了许多笑话，可接下来在联系学校方面，却让李政道的心情异常沉重。

他们此行的目的是学习关于原子弹的技术，可当时美国并没有专门接纳他们的学校，数学、物理、化学各科的学生都要自己去联系学校，进行对应专业的学习。同是物理系的朱光亚，当时已经是助教，拿着学位证书去密歇根大学攻读博士，而只有大学二年级的李政道要想找一所合适的大学却不是一件容易的事情。

在来美国之前，吴大猷先生为李政道计划就读密歇根大学，并且给他认识的密歇根大学高德斯米教授写了推荐信。可当李政道拿着推荐信找到高德斯米教授时，教授告诉他密歇根大学有严格的校规，必须有大学毕业证书才能就读。没有办法，李政道只好改变初衷，去其他的学校。可是美国的许多学校都对中国的留学生有歧视心理，因此接连 20 多天，李政道都没有找到合适的学校，这让初到美国的李政道倍感失望。

在一个夜深人静的夜晚，李政道躺在异国他乡的旅馆里，辗转难眠。多年来的求学路上所经历的艰难困苦，一幕幕浮现在眼前。他想："是对知识的热切渴望与执着的信念支持我走到现在，虽然眼前困难重重，但我求学的目标决不会改变。"

"我决不会放弃！"他对自己说，然后起身拿着外套来到街上。

华盛顿的夜景令人心旷神怡，干净、整洁的街道，灯光闪烁的高楼，让人充分体会到大都市的繁华。李政道信步在大街上走着，街道的一侧是一排嫩绿的小树苗，在灯光的照耀下，显得格外柔弱。他来到一条长椅边，坐了下来，椅子的另一端坐着一位美国人。当这位美国人看清了坐在他旁边的是一位中国人时，脸上露出了不屑的神情。李政道没有理会他，把脸扭向了另一边，突然，他看到了旁边的小树苗上有一只小蜘蛛，正在结网。

可是小蜘蛛的运气不太好，它刚刚费尽力气把网结好，就有一阵风吹来，小树苗左右摇摆，蜘蛛网被扯破了。小蜘蛛并不气馁，当风停下之后，它又开始选择到附近的另一个树杈，继续结网。这一次还是不走运，刚结了一半，又被风吹破了。

李政道心想："这下它该放弃了吧。"可让李政道没有想到的是，小蜘蛛还是没有放弃，也没有爬走，而是再一次观察周围环境。这一次它选择了一根比较粗壮，而且空隙较小的树杈，又爬来爬去，继续结网。正确的选择使它终于织出了又大又结实的网，即使有风吹来，因为树枝较密，网没有被吹破。

李政道看着看着，心中豁然开朗。是啊，人生也是如此！只有在经历一次次的困难、一次次的失败之后，才能为成功积累经验、奠定基础，小蜘蛛不怕失败、锲而不舍的精神深深打动了他。

回到旅馆后，李政道将自己随身带来的美国著名大学列表又重新看了一遍，这次，他的目光落在了芝加哥大学上。这是美国一所著名的私立大学，1890 年由美国的石油大王——洛克菲勒捐资创办，在当时，芝加哥大学就有 75 位校友获得了诺贝尔奖，是美国大学里得奖最多的。而且，在西南联合大学的时候，李政道就曾听吴大猷先生说起过，这所私立大学并不注重学生的学历，而是更看重学生的能力及著名科学家的推荐。

“这简直就是为我量身定做的大学。”李政道心想。

目标已经确定，他一刻也不想耽搁，简单地收拾了一下行李，第二天一大早，他起程直奔芝加哥。

2. 芝加哥大学的旁听生

芝加哥是美国的第三大城市，也是著名的工业区，被誉为美国五大湖区的一颗明珠，风景秀丽、气候怡人。可坐在车里的李政道没有心情欣赏风景，满脑子都在想怎样才能顺利进入学校。

芝加哥大学位于距市区 11 公里的密歇根湖畔，湖面水波荡漾，波光粼粼，为这所著名的大学增添了几分妩媚与秀丽。一进校门，李政道就有一种莫名的亲切感，学校的建筑为典型的哥特式建筑，学校里的教学楼、办公室无不透露出中世纪的神韵。

几经周折，李政道终于找到了学校招生办公室，负责招生的人员看到中国著名科学家吴大猷先生的推荐信，热情地接待了他。原来这所学校真的一点都不注重学生的毕业证，他们非常重视著名教授所写的推荐信，而吴大猷先生给李政道的推荐信是这样写的：

> 李政道是一位非常聪明、勤奋的好学生，他的思想极具条理，不但思维敏捷、逻辑严密，而且态度认真、目光敏锐，虽然只在中国的大学里学习了两年，但他的学业成绩不逊色于任何一位大学毕业生。我相信，如果能得到适当的指导，他一定会成为一名出色的物理学家。

吴大猷先生给了李政道非常高的评价，让芝加哥大学的招生人员对这个年轻的小伙子有了很好的印象。他们友好地表示，可以让没有大学毕业证的李政道在物理的研究生班作为旁听生学习，然后再通过后面的表现，决定是否可以转为正式生。这对在美国求学四处碰壁的李政道来说无疑是一个极大的安慰。

可是招生办的负责人还对李政道提了一个要求，那就是要通过芝加哥大学在文学与艺术方面的考试。原来这所名校不但注重学生的学业培养，还对学生的文学与艺术的修养有很高要求。这里的学生不但要熟读校方指定的几十本古今名著，还要对贝多芬等艺术家的作品有深刻的理解。这可难坏了李政道，因为在当时的中国，由于战争教育已经非常落后，那些世界著名的古今名著，李政道别说是看了，就连听都没有听说过。这可怎么办呢？难道就因为文学与艺术的问题，自己就要被这所名校拒之门外吗？

关键时刻的李政道急中生智，用他一贯清晰的逻辑分析了校方的要求，然后说："您看，我是一名来自中国的学生，您说的那些名著我没有读过，但是在中国的文学与艺术方面，我并不逊色，我读过中国的《孔子》《孟子》《老子》等名著，如果您要考查我在文学与艺术方面的修养，请在这些书籍里面出题吧。"

负责人先是愣了一下，然后仔细想了想，觉得李政道的话很有道理。可当时美国人对中国文化的了解并不多，李政道所说的这些中国古典名著连他们自己都不了解，又如何考核李政道呢？于是李政道凭着吴大猷先生的推荐信与自己的机智，终于迈进了芝加哥大学的校门。

此时的芝加哥大学，在物理学方面名师云集，许多世界顶尖的物理学家都在这里做研究，如费米（E. Fermi）、钱德拉斯卡（S. Chandrasekhar）、J. 迈耶（J. Mayer）与 M. 迈耶（M. Mayer），此外还有米利根（R. Mulliken）、泰勒（E. Teller）与尤利（H. Urey）等。其中钱德拉斯卡、M. 迈耶与尤利后来都获得了诺贝尔奖，泰勒后来被美国人公认为氢弹之父。而费米教授，更是被视为当时伟大的理论和实验物理学家，他在 1938 年获得了诺贝尔物理学奖。

在刚刚结束的二战中，扔向日本的两颗原子弹，就是由他作为负责人研制成功的。在芝加哥大学的校园中，有一座引人注目的中世纪城堡，城堡前面的墙上挂着一块金属镂空的牌子，上面写着：“1942 年 12 月 2 日，人类在此实现了第一次自持链式反应，从而开始了受控的核能释放。”以此纪念费米领导小组建立的人类第一台可控核反应堆，使人类从此迈入了原子能时代。

费米在演算公式

费米，1901 年出身于意大利罗马市的一个普通家庭，当时罗马作为意大利的首都，是政治、文化的中心，亦是整个欧洲的文化中心。在这样一座著名的城市里，费米度过了他的童年时光，并接受了良好的教育。1918 年，17 岁的费米考入了比萨的皇家高等师范学院，21 岁时取得了博士学位。两年后，费米被派往德国留学。27 岁回到祖国，成为了意大利科学院的院士。1938 年，由于在核物理上的重大贡献，费米获得了诺贝尔物理学奖，向世界显示了继伽利略之后，意大利科学史上又一个辉煌时代的到来。

正当他的事业处于辉煌发展的时刻，意大利的纳粹集团注意到了他，并且千方百计讨好费米，想让费米为他们工作。

意大利国家政权在 19 世纪 20 年代开始与德国法西斯越走越近，费米从心底里厌恶墨索里尼的法西斯独裁统治，这与他立志献身科学的思想截然相反，费米深爱着自己的祖国和人民，衷心希望意大利能够繁荣富强，并且希望能够全心全意为自己的国家服务。可残酷的现实让他不得不放弃自己的祖国，他不能把意大利的繁荣建立在侵略其他国家的基础上，不能为一个国家的辉煌而破坏了世界的和平。所以，在去瑞典领奖后，他作了周密的计划，带着家人逃脱了纳粹的围追堵截，横渡大西洋，来到了美国。

来美国后，费米一家受到了热烈的欢迎。美国人非常了解费米在科学方面的能力，把他安排在芝加哥大学，给他准备了所需要的所有试验用品，并把“曼哈顿计划”交给费米主持和管理。

“曼哈顿计划”就是用核裂变反应来制造原子弹。

经过一系列的实验，费米教授不负众望，1942 年，首次原子反应堆实验成功。在 1945 年日本的广岛和长崎，原子弹的应用为第二次世界大战的胜利起了极大的促进作用。

从 1946 年开始，费米教授在芝加哥大学任教，担任研究生导师。当时在这一领域从事研究的人员都把能成为他的学生看做是莫大的荣耀。

李政道当时作为物理研究学院的旁听生可不敢奢望这些，他只想努力学习，快些成为正式的研究生。李政道不但参加自己本专业课程的学习，还选修了包括泰勒的量子力学在内的其他物理学教授的另外三门功课。在一次量子力学的考试中，李政道对一道涉及微积分的证明题作了简明的解答，他的解答过程引起了泰勒教授的注意，泰勒把试卷拿给费米教授看，费米教授也非常欣赏李政道简明扼要却直中要点的解题方法。

3. 研究生的通知书

仅仅一个月后，物理学院的教师和同学们对李政道的学习能力都有所了解，他也由旁听生转为芝加哥大学的正式研究生，并且师从费米教授。

李政道接到正式录取通知书后的第一件事，就是请假去密歇根大学，把这个好消息告诉了吴大猷教授和夫人。吴教授和夫人都非常高兴，还把李政道介绍给了他们在密歇根大学的老师乌伦拜克教授。

乌伦拜克教授向李政道提了两个问题，要他回去后认真思考、解答。

李政道一夜没睡，对乌伦拜克的问题进行了深入的研究和仔细的计算。第二天，他对第一个问题给出了答案，那是一道电子穿过饱和的液体，是否会产生气泡，并且在电子过去后，气泡会怎么样的问题。李政道的答案是：会产生气泡，但是由于液体对气泡壁上施加了压力，所以气泡会在瞬间被压瘪而消失。乌伦拜克教授听了答案后点了点头，当时他带的一位研究生正在做带电粒子的气泡室研究（后来在1960年，这位研究生因此而获得了当年的诺贝尔物理学奖），李政道的回答给了他很大的启发。而另一个问题，李政道没有得出结果，吴教授让他回去接着研究。

第三章
师承费米

1. 终生受益的启示

李政道成为费米教授的学生后，开始一点一点领略到这位“中子物理学之父”的奇特而高超的教育方法，而费米教授平易近人的性格和谦虚谨慎的科学态度，更让李政道钦佩。

这位伟大的科学家在培养人才方面从不吝惜他的时间与精力，除了学校规定的正式课程之外，他还在晚间为自己的学生们加课。而晚间课堂的教学形式也与白天正式的教学不一样，大家可以随意讨论问题，内容不拘一格，几乎涉及物理学的所有领域。有时候，费米教授随意在他的文件夹里抽取一张卡片——那是他专门为学生准备的，卡片上一面写着课题，一面写着与课题相关的公式，然后就从卡片上的课题讲起，带领学生们就此课题作深入研究，把有关的物理思想、公式及相关数值都了解一遍，这种方法非常有利于学生们理解和掌握所学的物理知识。

费米教授善于透过现象看本质，因此他的课总是简单直接、通俗易懂，他的推理过程也总是简洁明确、直切主题。费米教授最讨厌那种形式化、纷繁冗杂的教学风格。他曾经开玩笑说：“那些复杂的形式主义只能留给神学院的主教们，而不是科学家。”

费米教授对李政道非常关心，因为这位从中国来的留学生勤奋、踏实、认真、务实的求学态度，对待问题直截了当、一针见血的解题方法让他很欣赏。费米教授几乎每个星期都抽出时间来和李政道作一对一的讲解与讨论。一开始李政道感觉非常拘谨，也很不好意思，觉得导师这么忙，还要单独在自己身上花费时间，很不忍心。费米教授看出了他的心思，就给他讲了一个爱因斯坦的真实故事。

> 在科学家爱因斯坦的住处附近，有一个小男孩，大约12岁，既聪明又调皮，小脑袋中总是有许多问题，他经常跑去请教爱因斯坦博士。这让孩子的母亲感到很不好意思，总是想办法阻止孩子打扰科学家工作。有一段时间，她给孩子每天都安排很多事情，这样男孩就没有办法出去了。
>
> 一天，男孩家的门铃响了，孩子母亲打开门一看，科学家站在门前。
>
> “对不起打扰一下，夫人，我想问一下您的儿子这几天都没有来我家，他是不是病了？”
>
> “啊！没有，没有，我是怕他打扰您的工作，没有让他出去。真是不好意思，这个调皮的孩子总是跑去找您，我感到

非常抱歉！”孩子母亲一脸歉意地说。

“啊，不是这样的。您不要向我道歉，我还要谢谢您呢！”爱因斯坦诚恳地说，“您的儿子不仅没有影响我，相反，从他身上我还学到了很多东西。他的坦率、真诚与任何时候都没有约束思考问题的方法，对我有很大的帮助。”

费米教授通过这个故事让李政道打消了思想上的顾虑，与导师一起的互动渐渐多了起来，谈话也不受拘束，思想更加活跃。当然，费米教授与学生的互动不止用在李政道一个人的身上，他还把自己每天中午的午餐时间都给了学生们。在芝加哥大学的餐厅里，经常能看到费米教授和他的一群学生们在就餐，气氛十分热烈。时而是学生们激烈地争论，时而是一两个同学陈述观点，时而又是费米教授认真点评。他还经常通过讲小故事、小笑话，调节学生们的情绪，启发他们的思维。

一次，有个学生在表达自己的观点时加了很多修饰语，费米教授就趁机给他讲了一个自己小时候的故事。

当时他上小学二年级的时候，有一次老师提问：“铁有什么用处？”

小费米想到在他上学的路上经过了一个工厂，上面写着“铁床工厂”，于是在本子写上：“铁可以做些床。”

他本来是想表达“铁可以做床”，可是因为多了一个“些”字，意思完全不同，以至于老师和家长都怀疑他的智力是不是有问题。

最后费米教授总结说：“我们做科学研究的人，一定要简单、直接、明了，这样才能让别人在最短的时间内明白我们要表达的思想。”

对于具体的学术观点，他要求学生们要有《皇帝的新装》里面那个小男孩的勇气，无论在哪种情况下，对待科学问题都要敢于说出事实，说出真相。

费米先生对待科学非常认真，从不应付了事。他重视学生们的实际操作能力，经常要求研究生们亲自动手做实验，并从中提出问题，而不是使用现成的实验结果。他常说：“不要对教授所讲的话都完全相信，你们可以提出自己的见解。哪怕觉得自己的问题幼稚，也要提出来，这样才能开动脑筋，学到知识。”

他还常常要求学生们对他的学术观点提出质疑，以便及时修正。而对一些文献上的资料，他在使用时也非常谨慎，一般都要自己亲手做实验，得出结果。有一次李政道的研究课题中提到了太阳中心的温度与亮度等一组数据，费米教授就问他这组数据是如何得到的，李政道如实回答：“是从一本文献上看到的。”

“你自己计算过吗？”

“还没有。”李政道禁不住低下了头。

“那好吧，我们一起算一下。”

有关太阳内部的温度与亮度的计算，需要一组微分方程，过程很复杂，而且这组数据在李政道的课题中也不重要，所以他就引用了现成的文献。可费米教授对学生的这种做法不满意，他说：

“一个搞科学研究的人，绝对不能接受自己没有独立验证过的别人的计算结果。那样既是对自己不负责，也是对科学不负责。”于是接下来的几天时间里，费米教授就和李政道一起计算太阳温度与亮度。为了简化过程，他们还特意花了两天的时间来制作算尺，用这个特别的尺子来计算那套复杂的微分方程非常容易。这样李政道最后在计算太阳中心的温度时，只花了一个多小时。

费米教授这种言传身教，对科学严谨的态度，使李政道终生难忘。他不仅从恩师的一言一行中学到了许多物理知识、物理思想和科学的方法，还体会到了伟大科学家那种博大的胸怀和高尚的品质。

李政道后来回忆说：“从那以后，每当我遇到问题的时候，都会问自己：‘如果是费米教授在场，他会怎么做?’这样给我很多启示。”

2. 博士论文第一名

时间过得真快，转眼间李政道已经在芝加哥大学学习一年了。

经过费米教授的细心指导与积极帮助，李政道的理论物理水平和实验物理水平都有了很大程度的提高。费米教授是现代物理学中屈指可数的在理论与实验物理方面都有一流建树的科学家，他要求他的学生不要急于确定是做理论研究还是做实验研究。他总是说：“要在科学上有所创造和发现，一定要涉及多个领域，增加知识面，拓宽视野。”李政道在跟随费米教授做了天体物理的研究工作后，又从事了流体力学、统计力学和粒子物理等方面的研究。他在研究物理理论的同时，对物理实验也不放松。理论研究有时枯燥乏味，他就跑到实验室做实验；实验做累了的时候，他又回到书桌上做理论研究。通过这种方法，他的理论物理与实验物理都打下了良好的基础，学业成绩进步很快。

1948年，经过严格的考试，李政道获得了准备博士论文的资格。

他知道，要在这样一所世界顶尖大学获得博士学位，不是一件容易的事情，因此他在论文题目的选择上非常谨慎。与费米教授商量后，李政道的博士论文题目最终被确定为《白矮星的含氢量》，关于这次论文题目的选择，还是费米教授一向敏锐的洞察力帮了他大忙。

通常情况下，费米教授每周都会抽出时间与李政道进行一次单独讨论，这被称为他们两个人的例会。在一次例会中，李政道提及了当时芝加哥大学天文观测站的负责人钱德拉斯卡，他说：

“钱德拉斯卡教授发现，白矮星有很高的电导率，它的内部温度应该很低，据此得到了一个解，可以计算出白矮星的临介质量，大约是太阳的质量乘以5.75倍。按照这个数值推断，类似太阳的恒星从演化的开始就是一颗白矮星。”

“哦，你说的是‘钱德拉斯卡极限’，即白矮星的最高质量。”费米教授向他问道，“可是——”

费米教授停顿了一下，若有所思地把头侧向一边，思考了一会儿，问道：“你有没有认真想过，钱德拉斯卡教授的解是否稳定呢？”

“噢，这个我没有想过，钱德拉斯卡教授应该也没有研究。”李政道恍然大悟。

“那你应该去做一下这方面的研究。”费米教授微笑着说。

白矮星是恒星的一个特定阶段，就像人类从出生到死亡，要经过童年、少年、成年、老年等不同阶段一样。在20世纪三四十年代，人们普遍认为恒星从诞生开始，它的演变顺序是白矮星、主序星、红巨星，最后衰变成为黑矮星。而李政道在费米教授的鼓励下，证明了关于计算白矮星临界质量的解并不稳定，从而将著名的“钱德拉斯卡极限”的上限质量，由原来5.75倍的太阳质量减少到现在世界公认的1.44倍。后来，通过一年多的努力，李政道得出了白矮星上氢元素的含量不大于1%的结论。这个结论能说明什么呢？原来主序星被认为是恒星内部以氢核聚变为主要能源的发展阶段，而白矮星上氢元素的含量不大于1%的结论证明了白矮星不可能是主序星的前一个阶段，而应该是主序星的后一个阶段。

李政道在博士论文《白矮星的含氲量》中，通过从新的星体形成之后，其结构的稳定性出发，证明白矮星上化学元素氢的含量不符合第二阶段恒星的标准，从而论证了白矮星属于演化到晚年期的恒星，改变了人们以往的观念。

凭借这篇论文，他不但顺利地通过了答辩，还获得了当年芝加哥大学博士论文的第一名，得到了1000美元的奖励。论文评定专家组对他的博士论文是这样评价的：具有特殊见解和成就的较高水平论文。

在李政道博士学位的颁奖仪式上，芝加哥大学校长亲自把博士证书交给他，并郑重地说：“这位青年学者的成就，证明了在人类高度智慧的阶层中，东方人与西方人具有完全相同的创造能力。”

这一刻，他感到无比自豪，手中的博士证书，也格外沉重。十几年求学路上的经历，一幕一幕浮现在眼前，是执着的科学信念与顽强的毅力让他坚持走到现在。校长的赞扬让他明白，自己的每一点努力，都是与祖国紧紧联系在一起的，都是在为祖国争光。而今后自己的脚下之路将更长，任务也更艰巨。此刻的他，心中充满了自信与力量。他相信不管未来的路有多艰难，自己都会坚定地走下去。

这一年，李政道24岁。

第四章
收获爱情

1. 爱情来敲门

李政道刚进入芝加哥大学时，就给自己制订了明确的计划，期限为十年。他决定在这个期限内，不谈恋爱，不结婚，一定要在学业上有所成就。

一年以后，也就是 1947 年，李政道的努力有了成果，他获得了芝加哥大学设立的“全校奖学金”。这可不是一件容易的事，此项奖学金是芝加哥大学专门为鼓励学习成绩优异、进步快的学生设立的，全校每年只有两个名额。关于奖学金，还有一段趣事呢。

有一天，李政道在校园里遇到了物理系的主任，系主任表情严肃地对他说：“李政道，你明天上午到我办公室来一下。”说完转身走了。

“会是什么事呢？”李政道思忖了半天，一般情况下，系主任找学生谈话，都是很重要的事情，尤其是表情那么严肃，这不禁让李政道的心里打起了鼓。

第二天一下课，李政道就赶紧去了系主任的办公室。

“通过全校的评选，你获得了芝加哥大学今年的‘全校奖学金’。”系主任见到李政道后，一改昨天的严肃表情，高兴地对他说。

“啊，那，我还有中国的奖学金呢。”面对突如其来的奖励，李政道显得有点木讷，因为一般情况下，奖学金是不可以拿双份的。

“那没有关系，中国政府的奖学金与学校的奖学金没有冲突——当然了，你也可以拒绝！不过，这可不光是金钱的问题，要知道这份奖学金可是代表着极高的荣誉。”系主任看到李政道疑惑的样子，幽默地解释道。

“啊，不是的。如果没有冲突，我当然愿意接受了，非常感谢您！”

就这样，李政道愉快地接受了芝加哥大学极具荣誉的奖学金，一共是 4500 美元，再加上中国政府的 5000 美元奖学金，当时的李政道一下子成了“暴发户”。

1948 年暑假，他与好朋友杨振宁、凌宁看到了一则广告，上面写着要出卖一辆二手小轿车。当时三个年轻人正计划要去美国西部旅行，看到广告后不约而同地想：买下它，开车旅行！三个好朋友商量后决定，先由三人共同出钱购买，等到旅行回来后，再由李政道一个人买下车子。这决定好像是不太公平，可谁让李政道拿了双份奖学金呢，好朋友相处，谁还在乎金钱这些小事。

有了代步工具，出行就方便多了，李政道的活动范围和视野也扩大了许多。但随之而来的就是那些不在乎金钱的好朋友们请他做代驾司机，有时载着几个同学去看电影，有时是去书店买书，当然最多的还是去车站接人。

圣诞节前夕，医学系的黄宛告诉李政道，凌宁要带表妹来芝加哥大学度假，让他去火车站接一趟。李政道看了一下课程表，第二天上午正好没有课，就满口答应下来。

第二天一早，两人驱车来到火车站，可接到的却是三个人。凌宁和他的表妹南希·凌，还有一位是南希的同学秦惠君，她陪同南希从堪萨斯州哈维埃尔来这里欢度圣诞节。

凌宁的表妹打扮时尚，上身穿着毛呢外套，下身是美国当时流行的皮靴马裤，活泼俏皮。而她的同学秦惠君则是长风衣加束腰长裙，端庄秀丽，尽显东方女性的温柔甜美。当李政道与秦惠君四目相对那一刻，李政道不觉心中一动，有一种物理学上常见的“触电”感觉。

晚上回到宿舍后，不知道为什么，李政道躺在床上翻来覆去竟无法入睡，秦惠君苗条的身影、秀丽的脸庞总是浮现在脑海中，他想：“难道这就是一见钟情吗？”立志十年之内不谈恋爱、不结婚的李政道，第一次在心中萌生了爱情的火花，自己建筑的爱情防线瞬间被融化。

而此时在芝加哥大学的女生公寓里，两位少女也没有入睡，躺在床上各自想着心事。秦惠君对来接他的那位中国小伙子印象深刻，在她少女的心里，不知道是一种什么样的感情。而好朋友南希则如情窦初开的少女，对英俊潇洒的李政道产生了炽热的爱慕之情。仅仅是短暂的见面瞬间，爱情就同时敲响了三个人的大门，同时也注定了三个人的关系将发生重大的变化。

个性直率的南希第二天一早就跑到表哥的宿舍，迫不及待地把自己的悄悄话告诉了表哥凌宁。凌宁看到自己的表妹找到了意中人，非常高兴。

原来南希的爸爸妈妈只有这么一个女儿，对她非常宠爱，再加上哥哥、表哥们的保护，南希在生活中像一位小公主。现在她到了适婚的年龄，父母不在身边，就委托凌宁帮着物色人选。这次他带表妹来芝加哥大学，就是想在这里给表妹找到一位如意郎君。没想到第一天表妹就碰到了意中人，而且还是物理系中出类拔萃的高材生，他高兴得连忙回到宿舍找黄宛商量。

可黄宛却不太看好这件事，他说李政道现在虽然没有女朋友，但一直以来在对待女朋友的事情上“非常超脱”，从没有喜欢的女孩儿，并且曾立志十年以内不结婚。不过凌宁并不担心，因为漂亮、活泼的表妹在她们学校里可是公认的校花，他认为没有哪个男孩子能抵挡住表妹的爱情攻势。

接下来的活动是凌宁精心策划的，首先他安排大家看了一场电影；接着又带着他们去看了歌剧；午餐黄宛安排在一家阿拉伯餐厅；下午又去冰上活动室看了精彩的冰上舞蹈。年轻人在一起总是有无尽的欢乐，当然这些活动少不了代驾司机的参加。随着接触的增多，李政道对秦惠君的了解也逐步加深。

他知道了秦惠君是甘肃天水县人，她出国前在上海教会学院学习。当时教会的牧师要选出一位女孩去美国留学，于是在 1947 年，品学兼优的秦惠君被选到堪萨斯州圣玛丽学院学习家政专业。

在活动中秦惠君发现，同学的表哥总是有意无意地制造南希与李政道单独相处的机会，而南希也总是在李政道面前表现得很害羞，就猜到了事情的来龙去脉。虽然在心里对李政道有好感，但她也知道南希此次来芝加哥就是想找男朋友，善良的秦惠君也为好朋友能找到心上人而高兴。可是她却发现李政道的目光总是不时投向自己……

几天的假期很快就结束了，几个年轻人怀着各自的心事在火车站依依不舍地分别。回去途中，李政道向黄宛说了心事，黄宛也告诉他，南希对他非常有好感。李政道告诉黄宛，自己经过认真的思考，认定秦惠君就是自己想要陪伴一生的人。好友见状也劝他勇敢追求心中的爱情。

一个月后，他给秦惠君写了一封热情洋溢的信，信中除了详细地介绍了自己的情况外，还表达了对秦惠君深深的思念与浓浓的爱意。

2. 俘获芳心

接到信的秦惠君心情非常复杂，既感动又难过。其实从芝加哥回来时，她的心里已被种下了一颗爱情的种子，现在知道李政道对自己也是一往情深，自己的心意有了回应，格外激动。可她同时知道好朋友南希也喜欢上了李政道，“三个人的感情要怎么解决?”这个问题一直让她很不安。

向来稳重的秦惠君强作镇定，没有急于给李政道回信，她觉得还是一切顺其自然为好。如果李政道对自己的爱情真挚，那么她自然会和他走到一起；如果南希热烈的追求有了结果，那就证明李政道与南希才是一对，李政道并不是自己爱情的归宿，到那时她会祝福好朋友。

经过再三考虑后，她决定还是给大家多一些接触的机会，让三个人彼此都加深了解，毕竟大家只是短暂相处了几天而已。想到这秦惠君谨慎地给李政道回了一封信，既没有对李政道的爱慕之情做出回应，也没有表示出不同意，而是邀请李政道在五月份来圣玛丽学院参加舞会。

秦惠君把邀请李政道要来参加舞会的消息告诉了南希，她的想法很简单，以南希的性格会对李政道展开猛烈的爱情攻势，如果两人有所发展，自己会送上祝福，如果李政道执着于自己，那么好朋友也会理解。

此时的南希已经察觉出了李政道对秦惠君的爱意，但按照她的性格，只要自己认定的事情，就会努力争取，所以在对待爱情方面当然也不会让步。

为了这次舞会，南希特意作了精心的准备。她在理发店烫了最流行的卷发，又购买了舞会的新衣服，还特意为李政道准备了一份礼物——一个别致的领带夹。秦惠君却什么也没有做，她想让李政道见到自己最真实的一面。

而此时在芝加哥大学的李政道，正在紧锣密鼓地准备赴约舞会。接到秦惠君没有明确答复的回信后，他并不感到失望，相反对秦惠君的谨慎态度多了一分敬意。他想："如果两个人要相守一生，一定要心意相通，在思想上能够产生共鸣，而不是只凭一时的感觉，而多接触、多了解、多沟通是产生思想共鸣的好办法。"可是参加舞会对他来说却是个挑战。虽然从小家庭环境优越，但

是整个青少年时代，他都在条件艰苦的地区上学，根本没有参加过舞会，更别说是跳舞了。好在距离舞会还有几个月的时间，向来做事条理分明的李政道，马上就制订了一个完美的堪萨斯州舞会之行计划，主要有两项内容：第一项是减肥。当时李政道虽然不是很胖，却在物理系有一个“小胖子”的称号，他为了丢掉这个不雅的绰号，决定每天只吃两餐饭。第二项就是学习跳舞。为了能够在短时间内学会，李政道报了芝加哥大学最有名的舞蹈培训班，参加了全部六项课程的学习。

经过了一段时间的努力，他不但掌握了交谊舞的基本步伐，还学会了舞会上的各种礼仪。最重要的是他的少餐加上运动让体重一下子减了十多斤，连从来不注意外表的费米教授都发现了他的变化，私底下建议他去学校的医务室做一下身体检查。

一切准备就绪，李政道与黄宛来到了圣玛丽学院。南希的表哥凌宁也到了这里陪同两位女孩迎接他们。

时隔几个月后，李政道再次见到秦惠君，心里还是怦怦直跳，激动不已。而秦惠君看见李政道消瘦的面庞却有些担心，禁不住问：“你瘦了这么多，是不是病了？”

“他没事，只是最近运动量大了些。”黄宛插嘴道。

李政道白了他一眼，告诉秦惠君自己身体很好。南希见李政道只顾和秦惠君说话，心里有些失落，这时秦惠君说：“南希为你准备了礼物，快看看吧。”

当南希把别致的领带夹拿出来时，李政道非常感谢，他从心底里把活泼、可爱的南希当做妹妹看待。

舞会在下午四点钟举行，几个人见面后就回到各自住处休息。

大约三点半，大家陆续到达舞会大厅。每位男士都是西装革履、皮鞋泛光，女士则精心打扮，穿着鲜艳的礼服，美丽异常。尤其是南希，标致的五官加上适当的化妆，再配上淡黄色的裙子，显得更加妩媚动人。秦惠君只是略施粉黛，穿着天蓝色的小礼服，但在李政道眼里，却是比舞会中任何女孩都要美丽。没办法，情人眼里出西施嘛。

舞会气氛热烈，李政道更是忙碌，与秦惠君、南希交替跳舞，当然这是在凌宁的安排下。大家玩得都很开心，抛开爱情的他们，内心此刻被快乐占据着。

舞会结束后，几位年轻人尽兴而归。

临别时李政道邀请她们暑假在芝加哥相聚，然后一起去美国西部旅行。

这一次的接触加深了李政道与秦惠君之间的了解，秦惠君知道李政道对自己是一往情深，自己心里爱情的种子也已萌芽。只是怕影响与好朋友的关系，不知道怎么办，年轻少女的心里装着满满的心事。而南希也没有放弃李政道的念头，于是三人之间的感情还是迷雾重重。

1949 年暑假，凌宁带着她们来到芝加哥大学。这时李政道已经作好了一切准备，开车带着她们去了美国西部旅游。李政道的准备工作细致入微，除了必要的帐篷、吊床、毛毯及充足的食物外，他还特意为两位女生准备了休息时的坐垫和梳洗用的镜子。

有了第一次与杨振宁在大峡谷遇险的经验，他把安全放在了这次旅行的第一位，路线选择上尽量适合女生的特点，既有野外的感觉又不能太危险。旅途中南希有表哥的照顾，而李政道则给予了秦惠君无微不至的关怀。一路上南希看见李政道对秦惠君处处关心、时时留意，觉得自己的爱情之梦彻底破灭了，而且表哥也一改往日对她百依百顺的态度，劝她放弃李政道。

旅行归来，李政道与秦惠君的感情迅速升温，特别是看到南希主动放弃后，秦惠君解除了思想上的包袱，渐渐接受了李政道的感情。不久以后，一场突如其来的疾病，让秦惠君与李政道两个有情人终于走到了一起。

1949 年 11 月，秦惠君因为突发阑尾炎住进了医院，李政道在得知消息后，第一时间赶到了医院。看着心爱的女孩刚刚做完手术，躺在病床上虚弱的样子，李政道非常难过。他暗下决心，一定要尽自己最大的努力，照顾好秦惠君，使她尽快恢复健康。接下来，他按照中国的传统方法，在市场上买来补养身体的鸡和鱼，又查阅菜谱亲自下厨，为秦惠君煮粥、煲汤。这样一段时间下来，在李政道精心照料下，秦惠君恢复了健康，李政道却瘦了好几斤。

经过这件事，秦惠君彻底放下了心里的顾虑，真心接受了李政道的爱情。而南希在看到李政道为秦惠君所做的一切后，也与李政道渐渐疏远。

3. 飞来的打击

就在两个相爱的人被喜悦包围着的时候，秦惠君把与李政道交往的事情写信告诉了父母，想征求他们的意见。她的父母思想比较保守，听说李政道的家里是与外国人做生意的洋买办，心里不太同意，于是就给女儿回信，让她最好不要和这样家庭背景的人交往。

秦惠君接到信后心里非常矛盾，一面是自己敬爱的父母，一面是自己心仪的男友，左右为难。与此同时，另一个意外发生了——南希在哈维埃尔自杀。原来心高气傲的南希看到秦惠君与李政道真的走到了一起，心里非常难过，觉得自己在这个世界上活着多余，一天夜里，她偷偷服下了一整瓶的安眠药。虽然经过紧急抢救，南希脱离了生命危险，但在秦惠君的心里却留下了很深的阴影，她甚至一度想悄悄离开李政道，成全南希。

对于心爱的姑娘承受的一切，李政道看在眼里，痛在心上。他为了减轻秦惠君的负罪感，特意安排了一次两个人的旅行。在旅行途中，他握住秦惠君的手，真诚地说："执子之手，与子偕老，如果这辈子不能和你在一起，那我注定要孤独一生。"情真意切的话语让秦惠君的心动摇了，两个真心相爱的人终于走到了一起。

4. 贤惠的妻子

1950 年 6 月，李政道在拿到博士学位的证书后，与秦惠君在美国芝加哥市政府的大厦举行了婚礼。而南希后来也嫁给了堪萨斯州哈维埃尔市的一位中国饭店的老板，她后来成为加州大学圣巴巴拉分校的动物学教授。

1949 年底，李政道在还没有拿到博士学位的时候，就听从导师费米的建议，去了芝加哥大学的约克斯天文观察站，在那里担任研究员。

观察站由钱德拉斯卡教授负责，他热情地接待了李政道，并且对李政道关于"白矮星临界质量应该是太阳质量的 1. 44 倍"的

研究结论非常重视。开始时李政道的工作也很愉快，可是随着研究的深入，李政道发现这位教授的学术霸道作风很严重，不愿接受别人的提问与质疑。而李政道从小就是个“问题大王”，经常提出新的问题与见解，这样两人之间就经常发生争执，这让刚参加实习工作的李政道无所适从，8个月后，李政道离开了约克斯天文观察站。

此时的李政道刚刚与秦惠君结婚，新婚夫妻为今后的生活作了详细的规划。两人选择了加利福尼亚大学，李政道在那里担任物理系的助教，而刚刚大学毕业的妻子则继续学习，攻读硕士学位。

在加利福尼亚大学，他们刚刚适应新环境，就赶上中美关系恶化。祖国人民抗美援朝，当地美国人反华的气焰嚣张，华人商店被焚烧，华人被迫害的事件经常发生，两个人在学习、工作和生活上都遇到了很多困难和不公平的待遇。当时加州规定华人不得在当地买房，两人由于租不到房子，只有搬进了学校狭小的已婚学生宿舍。生活上的困难小夫妻可以克服，可李政道在工作上受到的政治歧视，却让他无法忍受。

当时由于李政道在工作上表现出色，学校决定给他一个讲师的职位。可是在其他人都正常任职的程序中，却对他多了一项内容：要作倾向于美国利益的忠诚宣誓。此时的李政道虽然加入了美国国籍，但心里始终认定自己是一个中国人，对祖国的热爱永远也不会改变。他义正词严地拒绝了校方的要求，表示即使不要这个讲师职位，也不能做出有损祖国尊严的事情。

秦惠君看到丈夫所受的委屈，非常心痛。为了能让李政道自由地选择工作环境，贤惠的她毅然放弃了自己的学业，消除了丈夫的顾虑，在费米教授的推荐下，李政道带着妻子离开了加利福尼亚大学，来到了普林斯顿高等研究院工作。

第五章
从普林斯顿到哥伦比亚

1. 最自由的研究院

普林斯顿是一个只有3万人口、面积7平方公里的小城镇，位于美国新泽西州的纽约与费城之间，因普林斯顿大学和普林斯顿高等研究院而闻名。城市四周景色幽雅，绿树成荫，清澈的河水环绕着小城的西部静静地流淌。城市中的人们过着富裕、恬静、安详的生活。整个小城在浓浓的文化氛围笼罩下显示出优雅的贵族气息，使这里成为许多美国上层人士青睐的居住地，也是各国科学工作者及学者最向往的地方之一。

位于普林斯顿市区的普林斯顿大学是这座城市的标志性建筑物之一。普林斯顿大学建立于1746年，是一所享誉世界的私立研究型大学，也是美国八所常春藤盟校之一。

提到美国的常春藤盟校，大家并不陌生，它们就是布朗、哥伦比亚、康奈尔、达特茅斯、哈佛、宾夕法尼亚、普林斯顿和耶鲁八所大学。至于为什么要叫“常春藤盟校”，据说是因为这几所大学在早年曾组成了一个包括橄榄球等体育运动的联盟。

这些如雷贯耳的学校既是学术、身份与荣誉的象征，也是获得理想工作的制胜法宝。就拿哥伦比亚大学的商学院来说，它的毕业生，每年平均工资为 14 万美元。而平均每个毕业生会得到五个工作邀请的机会，这对世界各国年轻学生来说，是一个极大的诱惑。而与高工资相对应的是这些学校的高收费，在历史悠久、学术地位高、名气大的八大常春藤盟校读书，可不是一般家庭能够承受得起的。每年的学费加上吃、住费用，一个学生要花销三万多美元。四年大学下来，花费人民币近百万元。

普林斯顿大学作为常春藤盟校之一，自然保持了治学严谨这一特点，从 1746 年建立到 1951 年，经过两百多年的发展，它仍旧是一所包括研究生在内只有六千多名学生的小规模大学。不过这并不影响学校的声誉，在世界的大学中，普林斯顿大学的排行一直都是名列前茅。学校的历届教师中，有八位获得过诺贝尔奖。普林斯顿市的社会人文学院更是业绩辉煌、硕果累累，历史上有包括威尔逊总统在内的 80 多位美国议员及总统都毕业于这所学校。

而李政道要去的普林斯顿高等研究院并不是普林斯顿大学的一部分，而是一个不受任何教学任务、科研资金或者赞助商压力的独立研究机构。它成立于 1930 年，是一个集合了各个领域的科学家做最纯粹的尖端科学技术研究的地方。

它的组织机构相当简单，只有几个研究学院和一个小规模的终身研究员团体主持日常工作。而来自世界各地研究机构和大学的访问团成员，组成了普林斯顿高等研究院强大的阵容，当然，访问团的成员更迭变换很快，有的只工作几个月，最长的也不过几年，其中名气最大的要数科学家爱因斯坦了。

研究所里，每个人都享有充分的自由，可以自己支配时间，展示能力。费米教授在向他介绍时是这样说的：

“那里是一个非常好的地方，研究气氛活跃，学术气息浓郁，大家在一起可以自由地合作与竞争。在那里机会很多，研究院既不会下达研究计划也不会有什么研究任务，至于研究什么？怎样研究？全凭学者们自己的想法，是一个很有必要去的地方。”

他停顿了一下接着说：

“不过，你在那里千万不要待得太久，一段时间即可。因为普林斯顿高等研究院的一些研究方法太过形式化，待久了容易与实际脱轨，而且你的性格也不适合长时间待在那里。那里就像一座‘修道院’，是专门培养‘传教士’的地方，而你绝不会成为墨守成规的‘传教士’。”

当时的研究院由罗伯特·奥本海默主持工作，他本人也是“曼哈顿工程”的设计负责人之一。李政道在研究院里还见到了好朋友杨振宁，他们是西南联大的校友，又是芝加哥大学的同学，关系非同一般。杨振宁比李政道大四岁，而且比他早一年来美国，所以在处理事情上经验较丰富。两人还都师从费米教授，都深受青睐。在这里能相互遇见，是两个人的幸运，也由此开始了一段令人羡慕的合作故事。

2. 爱因斯坦的祝福

在普林斯顿高等研究院，有一件事必须得向大家介绍，即李政道与大科学家爱因斯坦的接触。当时爱因斯坦已经70多岁，处于半退休状态，但他还是经常去学院做研究。当时李政道与杨振宁合写了一篇关于统计力学方面的论文，受到了大科学家的重视，于是他对管理人员说，想见一下这两位年轻的中国博士。

爱因斯坦

俄国的经济学家考夫曼把李政道与杨振宁带到了爱因斯坦的办公室。大科学家的办公室设计得非常简单，只有几个大书架，一块黑板与常用的桌椅。黑板上面写满了演算的方程式，书架上满满当当摆的全是书，而常用的桌子上则堆放着手稿、期刊、墨水瓶、烟斗、烟盒等物品，爱因斯坦此刻正坐在椅子上。李政道看到这里，不禁想起了学院里流传的关于这位科学家的趣事：

据说爱因斯坦在担任普林斯顿高等研究院主任时，工作非常繁忙，很少能待在办公室，而一般性日常事务都由秘书处理。

有一天，到了下班时间，秘书正要拿起衣服往外走，办公室里的电话铃响了。秘书有些不耐烦，犹豫了一下还是拿起了听筒。

“您好，这里是爱因斯坦办公室。”

“请问，我能和爱因斯坦先生说话吗？”耳机里传来细小而又熟悉的声音。秘书一时没有想起是谁，就回答：

“博士现在不在这里。”

“那么，您能告诉我，爱因斯坦博士新的住址吗？是他新搬的家的地址。”

“哦，对不起，这可不能奉告，因为爱因斯坦博士太忙，他不愿住处受到打扰。”秘书委婉地拒绝。

这时，电话里的声音变得很低沉：

“请不要告诉别人，我就是爱因斯坦，现在正想要回家，可我忘记了地址是哪里，麻烦你帮我查一下。”

原来，当天爱因斯坦正要回家，一边走路一边思考问题，走着走着，竟到了一个陌生的地方。当他发现自己迷路时就想找人询问，可又忘记了新家的地址。实在没有办法，他就想到给秘书打电话，假装陌生人询问地址，以免让秘书笑话。没想到秘书非常警觉，没有告诉他，他最后不得不报出名字，向秘书求助了。

“两位中国的小博士，请坐。”科学家热情地向他们打招呼，把李政道的思绪拉了回来。此时的爱因斯坦尽管已是古稀之年，但精神矍铄，思维敏捷，他先是充分肯定了李政道与杨振宁在物理方面的杰出才能，随后又在学术方面问了一些问题，两人都一一作了回答。作为年轻的科学工作者，能得到爱因斯坦博士的指点是多么荣幸的事啊，两个人都显得非常激动，说话时也很紧张。整个谈话的时间很长，爱因斯坦博士很开心，临别时他从座椅上站了起来，与李政道、杨振宁一一握手，语重心长地说："祝你们在未来的物理学方面取得成功!"

也许是爱因斯坦博士当时已经预见到了两人的发展，也许是他的鼓励与祝福化作了两个人的动力，几年以后，两位年轻人并肩站在了诺贝尔的领奖台上。

3. 来到哥伦比亚大学

李政道在普林斯顿高等研究院的工作既愉快，又有成就感，有人说，世界上的一切自然现象都是用简单的自然原理构成的，而这些简单的自然原理，就得靠科学家去探索和发现。而此时的李政道和杨振宁，就像两个在科学海边玩耍的孩子，为自己发现的一个又一个小贝壳而欣喜若狂。他们在一起合写论文、讨论问题，彼此感到非常快乐。

有一次，爱因斯坦正在和朋友讨论物理方面的问题，他突然说："把那位姓李的中国小博士叫来，他特别爱动脑筋，有时候的想法比你我都要高明。"爱因斯坦的认可让李政道受到了莫大的鼓励，工作起来信心倍增。

时间过得真快，转眼间两年时间过去了，尽管得到了爱因斯坦博士的关注，但李政道还是有了要离开的想法。他记得导师费米的话，即让他工作一段时间就离开，当然他也发现了普林斯顿高等研究院确实存在形式主义的特点。还有一个原因就是自己在“τ-θ 之谜”的研究中遇到了瓶颈，他想换一个环境，这样就可以了解一些新情况，启发新思路。

此时的李政道已经在美国的物理学界小有名气，听说他有离开普林斯顿高等研究院的想法，有好几家大学都向他抛出了橄榄枝。宾夕法尼亚大学和爱荷华大学直接聘请他为副教授，而哥伦比亚大学和密歇根大学则聘请他为助理教授。李政道认为选择一所有发展前途、适合自己的学校很重要，而职位的高低是可以通过自己的努力改变的，所以他和妻子商量后，放弃了宾夕法尼亚大学和爱荷华大学较高职位的聘请，选择了具有较高学术水平和管理水平的哥伦比亚大学，担任了一名助理教授。

哥伦比亚大学是在 1754 年，根据英国国王乔治二世颁布的《国王宪章》成立的，当时被命名为国王学院；1894 年，正式使用“哥伦比亚大学”作为学校新名称，并将学校搬迁到现在的位置。

哥伦比亚大学历史悠久，是美国常春藤八大盟校之一。学校历届毕业生和教职人员中，至今已有 90 多位诺贝尔奖获得者，在世界各大学中排名第一。而新闻学院颁发的“普利策”奖，则是美国新闻界的最高荣誉。特别值得一提的是包括奥巴马总统在内，从哥伦比亚大学里一共走出了三位美国总统。

学校地址位于美国纽约市曼哈顿的西北部，濒临哈德逊河，与华尔街、联合国总部和百老汇比邻。方便的地缘优势为哥伦比亚大学承担了大量由联合国等国际组织委托进行的科研项目，而纽约市丰富多元的人文社会资源，为哥伦比亚大学的科研活动和学生实习提供了极大的方便。有人曾用一句话形象地描述了哥伦比亚大学生的活动范围：在华尔街学经济，在联合国总部学政治，在百老汇看戏剧。这里的学生，可以边读书边找到适合自己发展的机会。

4. “李模型” 的问世

李政道来到哥伦比亚大学后，主要从事粒子物理和场论领域的研究，很快便展示了他的卓越才华。当年，他就推出了被物理界称为“李模型”的研究成果。

第二次世界大战以后，世界物理界的科学家们在理论物理的研究中获得了重要的进展，即在量子力学中找到了重整化的方程式。但是在可靠性方面，仍然有很多无法解答的问题，科学家们亟待寻求一种既能重整化，又可解的模型。而此时的李政道经过不懈的研究和努力，终于提出了场论中少有的可解的模型，被物理学界称为“李模型”。

“李模型”对以后物理界的场论和重整化的研究产生了巨大的推动作用，李政道的论文发表于 1954 年 9 月，物理学诺贝尔奖得主——泡利，就曾专门写信称赞“李模型”的重要意义；量子力学的创建者，1932 年获得诺贝尔物理学奖的海森堡博士，更是在他 70 岁大寿的宴会上，再次向各位科学界的同仁们强调了“李模型”的重要性。

李政道于 1953 年来到哥伦比亚大学，当时任助理教授。到 1956 年，仅仅通过三年的时间，李政道凭着出色的工作能力及刻苦的钻研精神，便被聘为正教授，成为哥伦比亚大学两百多年历史上最年轻的正教授，当时他才 30 岁。

5. 乐于助人

李政道不但在物理研究工作中表现出色，在慧眼识人方面，也有超强本领，尤其是在对他人研究项目的启迪上，有时竟发挥了意想不到的作用。

1953 年，刚到哥伦比亚大学不久的李政道接连发表了几篇文章，文章的内容引起了伊利诺伊大学的博士生导师巴丁教授的极大兴趣。于是巴丁教授请李政道帮忙，介绍一位哥伦比亚大学既年轻，又有发展前途的粒子物理和场论方面的专家，到他那里去帮助研究超导问题。

当时，只担任助理教授的李政道向他推荐了天赋很高的研究生库珀。库珀当时并没有马上去伊利诺伊大学，而是先去了普林斯顿高等研究院。在那里工作一年后，才加入到巴丁教授的研究项目当中，他负责分析如何用场论的方法解决超导问题，当时巴丁教授的研究生施里弗对这一研究也很感兴趣。

1957 年，在一次国际性的物理会议上，施里弗听到了李政道关于这方面的演讲，受到很大启发。在回去的火车上，施里弗演算出 BCS 波函数。他回到学校后，马上把这一结果告诉给导师巴丁教授，后来巴丁教授与施里弗、库珀一起，经过一个星期的验证与完善，发表了举世瞩目的 BCS 理论。这一理论使巴丁、库珀与施里弗在 1972 年问鼎了诺贝尔奖，这也是巴丁教授第二次获得该奖项。

还有一件事也说明李政道在助人为乐方面确实表现突出。

1953年夏天，李政道来到伊利诺伊大学做临时性的研究工作，他办公室隔壁是盖尔曼教授和劳恩的工作室。一天中午，盖尔曼和劳恩来到李政道的办公室求助，原来他们研究中有一套函数关系式，很长时间都无法解出来，想请李政道帮忙。

“当然可以。”李政道爽快地答应下来，“不过现在不行，我一会儿有点事要出去一下。这样吧，请把公式写在黑板上，等有空我就解出来。”

送走了两人，李政道简单整理了一下办公室，打算出门。因为今天是儿子李中清一周岁的生日，妻子秦惠君打算举办一个小型的聚会，给孩子庆祝生日。而派给李政道的重要任务就是给儿子取蛋糕。

他走到门口，习惯性地转身看了一眼黑板，盖尔曼教授的题目引起了他极大的兴趣。他来到黑板前，忍不住拿笔算了起来。解函数关系没有系统的方法，他就一点一点地试验，时间一分一秒地过去……

30分钟后，李政道竟然把那些方程解了出来，他兴奋地拿着结果跑到隔壁，盖尔曼和劳恩惊讶得目瞪口呆，两人马上同李政道研究起解题思路，而此时的李政道已经完全进入到了工作状态，他完全忘记了取蛋糕。

直到傍晚，他才想起今天是儿子的生日，跑到蛋糕店时人家已经关门。

而李政道这套有关函数关系式的解，在盖尔曼教授1969年获得诺贝尔奖中起到了重要的作用。

6. 重大打击

就在李政道研究事业顺利进行的时候，他接到从日本打来的电话：身体一向健康的父亲突然病危。第二天一早，他就坐上了飞往日本的飞机。当他来到医院时，家人告诉他其实父亲生病已经有一段时间了，怕耽误他的工作，父亲一直不让告诉他。这一次医院下了病危通知书，家人才瞒着父亲叫他回来。

推开病房门，李政道看到病床上奄奄一息的父亲，顿时泪如雨下。十几岁开始，他离家求学四处奔波，后来又在美国工作，陪伴在父亲身边的日子少之又少。而自己取得的一点成就，都离不开父亲从小的培养教育。现在还没来得及好好报答老人，却要阴阳两隔了……

他跪在父亲的病床前，握着父亲枯瘦的手，泣不成声地说：

“爸爸，我是政道啊，‘三糊涂’回来看您了！”

“啊——”父亲慢慢地睁开了眼睛，看着心爱的儿子就在自己面前，虚弱地说，“政道啊，你怎么回来了？不用着急，别哭，爸爸没事。”

看到儿子如此伤心，李骏康勉强支撑起身体，接着说：“政道啊，你没有辜负爸爸的期望，学有所成，为国家争了光，爸爸感到很高兴。”

“爸爸，都怪儿子这些年忙于工作，对您的关心照顾太少了……”

“孩子，不要这么说，爸爸知道……你这些年在外面不容易，可好男儿要志在四方啊……”李骏康微笑地望着泪流满面的儿子，断断续续地说，“别哭了，这是每个人最终都要走的路……看到你们都长大了，成熟了，我也就放心了。希望你以后能够继续努力，取得更大的成就。我们的国家因为战争已经受到严重的破坏，希望你以后能有机会回来，为我们国家的建设出力……唉，我们这些流浪海外的人，最大的梦想就是要回家的啊！”

老人平静地走了，他的良好教育方法影响了孩子们的一生。

坏消息一个接一个传来，李政道的父亲去世几个月之后，费米教授又被诊断出患了癌症。

1954 年秋，李政道去芝加哥医院看望老师，这一次费米教授一改往日精神矍铄的样子，他有气无力地躺在病床上。杨振宁告诉他医生已经决定让老师回家休养，因为癌细胞已经扩散，恐怕没有多少日子了。

费米教授看到李政道来了，强打精神坐了起来。李政道看着被疾病折磨得不成样子的恩师，心中一阵剧痛。老师见到他的第一句话就问：“‘τ-θ 之谜’研究得怎么样了？”

李政道看了杨振宁一眼，如实地回答：“我和振宁都在努力，也做了几次理论方面的尝试，但目前还没有进展。”费米教授点了点头，接着说：“这是现在困扰物理学界的一大难题，当然没有那么容易解决，但我相信凭着你们两个人的能力，只要坚持研究下去，一定会有所发现……还有一点一定要记住，不要受前人的制约，要冲破形式主义，大胆按照自己的想法去做。”

教授停顿了一下，又拿起放在床边的笔记本对李政道说：“医生告诉我可以出院了，我的癌细胞已经扩散，生命不会超过 6 个月。我打算利用剩下的时间，把近期关于核物理的笔记作一下修改和整理，然后出版，希望能对今后的核物理研究有所帮助。”

看着老师在生命的最后时刻，心中想的竟全是“能对今后的核物理研究有所帮助”，李政道的心里异常激动，他想：一名伟大的科学家，为了研究与探索科学的奥秘，贡献出了自己的一生，是多么令人尊敬啊！费米老师在这方面为大家做出了榜样。

第六章

宇称不守恒

1. 与杨振宁的合作

李政道与杨振宁是西南联合大学的校友，但因为两人相差四岁，李政道在西南联大当旁听生的时候，杨振宁已经大学毕业。两人只是在吴大猷教授家见过面，并不是十分熟悉。

两人真正相互熟悉、频繁交往是在来到美国以后。当时在芝加哥大学的物理学院，李政道是“中子物理学之父”费米教授的研究生，杨振宁是“氢弹之父”泰勒教授的研究生，两人同住在芝加哥大学的学生宿舍，共同的文化背景、共同的兴趣爱好，使得异国他乡的两位中国留学生，渐渐成为了无话不谈的好朋友。

大家都知道李政道是因为与杨振宁合作发现了“弱相互作用下的宇称不守恒定律”而获得了诺贝尔奖，却想不到两个人的最初合作竟然是一场字谜游戏。

那是在 1947 年，也就是李政道来芝加哥大学一年以后。

有一天，杨振宁兴冲冲地从外面跑回来，手里拿着报纸，冲正在宿舍里看书的李政道喊：

“政道政道，快看，有一个字谜游戏，奖金五万美元。”

“噢？”李政道从小就对有意思的智力游戏非常感兴趣，他马上放下手中的书与杨振宁一起研究起来。

接下来的几天里，只要一有空，他们就会凑在一起，拿出报纸认真研究。经过两人逐字逐句的分析，很快发现题目中有一处意思表达含糊不清，完全可以使谜题有两种解释。两个年轻人认为找到了问题的突破口，他们想：

“这肯定就是出题人的高明之处，他想诱导大家进入错误的思路，要不怎么出那么高的奖金。”

于是两人立即行动，按照两种理解方式各得出一份自认为满意的答案。他们信心十足地把答案寄给了报社，认为万无一失。

谁知几天后却收到了报社的回信，告诉他们没有猜对，这可大大出乎两人的意料，连续好几天，他们都神情沮丧，很久以后心情才平静下来。

字谜游戏虽然没有中奖，但两人发现彼此在研究问题的思路上却非常默契，一个人想到思路方法，另一个人马上接着提出更深入的建议，有时都不用说出来，就能理解对方要表达的意思。因为有了这次字谜游戏的心有灵犀，才有了李政道与杨振宁接下来十几年的事业合作。

对于两人之间密切而成功的合作，杨振宁是这样说的：“对于外界来说，我们的合作是异常的密切，也是异常的成功。同行们对我们的合作又是羡慕，又是嫉妒。”

李政道后来对于两人的合作，也说过：“在物理方面，我从事过许多课题的研究。例如基本粒子、统计力学、场论、天体物理等。在基本粒子与统计力学方面，大多数是与杨振宁教授一起合作进行的，其中包括获得诺贝尔奖的‘弱相互作用下的宇称不守恒定律’。”

虽然后来两人之间的关系发生了变化，甚至1962年以后不再合作。但是在此之前，两人都认为彼此之间的友谊及合作是愉快而成功的。

李政道与杨振宁的第一次物理方面的正式合作，是在1949年的芝加哥大学。当时两人与泰勒教授的另一位研究生合作，发表了《介子相互作用》的论文，这也是李政道在物理学上发表的第一篇科学论文。

杨振宁在获得博士学位后去了普林斯顿高等研究院，不久以后，李政道在导师费米的建议下也去了那里，两人又同在一起工作了。研究问题的机会增多，合作的内容也更广泛了。

后来，他们渐渐都对“τ-θ之谜”产生了兴趣。

2. “τ－θ 之谜”

什么是“τ-θ之谜”呢？

20世纪50年代初，物理学进入到了粒子研究领域，认为世界上的物质是由最小最基本的单位——粒子构成的，把这些构成大千世界的不同粒子叫做基本粒子。到50年代中期，随着大型加速器的产生，人们发现的基本粒子已经有几百种，科学家把这些粒子分为两类，一类是质子、中子、电子等普通粒子，另一类是除此以外具有一些奇特性质的奇异粒子。在这些奇异粒子中，科学家们对其中的两个产生了浓厚的兴趣，它们一个叫θ介子，另一个叫τ介子。

按照物理学家们普遍认可的“宇称守恒定律”推理，这两种奇异粒子在衰变过程中应该产生相同数量的介子。可事实却不是这样，在弱相互作用衰变时，θ介子衰变产生两个π介子，而τ介子衰变产生三个π介子，这种奇怪的现象被当时物理学界称为“τ-θ之谜”。

为什么会出现这样的现象呢？世界各国的物理学家们苦思冥想，却一直得不到答案。

李政道与杨振宁在普林斯顿高等研究院期间，就对“τ-θ之谜”进行了研究。后来李政道虽然去了哥伦比亚大学，但两人在这一问题上的思考和研究并没有停止，他们不但经常通电话进行讨论，还约定每周见一次面，就双方遇到的新问题、产生的新想法进行沟通。

两人见面次数最多的地方要数哥伦比亚大学的中国餐馆。

当时中国的留学生数量不多，在哥伦比亚大学只有一家中餐厅，而且位置偏僻。李政道与杨振宁很喜欢去那里，尽管餐厅不大，但整洁干净、饭菜可口，最重要一点是周围环境清幽。与其说两人喜欢去那里就餐，倒不如说两人喜欢去那里讨论问题，因为一餐饭他们边吃边谈，往往要三四个小时。

餐馆的老板人很好，看到他们经常坐在较里面的一个餐位，就经常在他们去之前把那个位子预留出来。

两人亲密合作

李政道除了与杨振宁见面时讨论这个问题外，其他时间他也在苦苦思索。他的桌子上、床上，甚至连卫生间里也都摆满了与“τ-θ 之谜”相关的书籍和材料。在哥伦比亚大学的树荫下、小河边、草地上、书桌前，到处都有他努力思索的身影，洒下了他辛勤的汗水。有时候为了一个公式、一个概念、一个定理，李政道废寝忘食、夜以继日地忘我工作。

时间一天一天地过去，他们的研究工作仍然毫无进展，就如同走进了一个黑暗的迷宫，始终找不到通向出口的道路。他们尝试了各种方法，但是在“宇称守恒定律”下都没有结果。

有一天，李政道对“τ-θ 之谜”本身产生了怀疑的想法。

“难道当初认为这两个奇异粒子应该产生数量相同介子的假设有错误？可这是按照‘宇称守恒定律’推测的呀。除非‘宇称守恒定律’本身有问题?”一个大胆的假设在李政道的脑海中闪现出来。

他想：“如果不单是‘θ’与‘τ’粒子有这种表现，其他的粒子在弱作用下也有这种表现，那么就说明‘宇称守恒定律’本身有问题。”

几天后，李政道与杨振宁再次见面，他向杨振宁提到了这一想法，没想到两个人竟不谋而合。杨振宁也认为“宇称守恒定律”有问题，在这一大胆思路下，他们按照最保守的方式提出了“宇称是双重态”这一假设，并且在《物理评论》上发表。

这一观点很快就被大家以足够的证据否定了。

不过李政道与杨振宁既没有灰心，也没有气馁，他们想：“既然保守的方法行不通，那就还是按照原来大胆的设想——“宇称守恒定律有问题”的思路进行研究。

此后的一段时间，李政道与杨振宁几乎天天在一起，他们查阅资料、研究公式、计算数值，然后进行反复比较，反复推敲。他们拿着厚厚的《核谱学》一书，把里面的粒子数据逐个分析，逐个比对，希望找出相关数据资料。

经过一系列大量、认真、细致的研究，他们发现在以往的实验数据中，的确非常精确地遵守了“宇称守恒定律”，但是也同时发现，这些实验都是在强相互作用下完成的，而没有一个实验是属于弱相互作用的。那么也就是说，在“弱相互作用下，宇称是否守恒”这个问题上，根本就没有实验资料证明。他们又拿出费米教授在1933年关于β粒子在弱作用中衰变的数据，竟也没有找到关于宇称守恒的信息。

这个结果令他们非常吃惊，因为在没有实验支持的情况下，人们怎么会错误地认为“宇称守恒定律”一定适合于物理学的任意一种作用力呢?

物理学中认为自然界有四种相互作用力：强相互作用力、电磁相互作用力、弱相互作用力及万有引力。

既然“θ”与“τ”粒子在弱相互作用中表现出宇称不守恒，如果其他的粒子在弱相互作用下也表现出宇称不守恒，那么就说明，宇称不守恒很可能是在弱相互作用下的一个普遍性的原理。两人因此大胆断言，在弱相互作用力下，宇称并不守恒。

这样一来，一切问题便迎刃而解，“τ-θ 之谜”被轻易解开了。

3. 提出“在弱相互作用下宇称不守恒”观点

1956 年 6 月，“宇称守恒定律”不适用于弱相互作用力下，或者说在弱相互作用力下，宇称不守恒，这一结论已经基本被李政道与杨振宁确定。

这个结论可不是一件小事，为了消除谬误，使论文更具有说服力，两个人不敢有一丝大意。他们深深地知道，这是在向已经被认可 30 多年的定律挑战，如果有一丝差错，将会被物理学界排山倒海的指责声淹没。整整一个夏天，他们都没有休息，不断地查资料、验证、推理，为论文寻找每一项证据。

他们找到了关于重粒子 Λ0 衰变的相关资料，经过初步分析，该粒子也有宇称不守恒的迹象。

1956 年 10 月 1 日，李政道与杨振宁在《物理评论》杂志上，正式公布了他们的研究结果，发表了《弱相互作用中宇称不守恒的问题》的论文，明确指出：

> 虽然在所有强相互作用中，宇称守恒的证据是强有力的，但是在弱相互作用中，宇称守恒的证据却一个也找不到。因此，我们可以认为：在弱相互作用中宇称守恒定律也许根本就不成立。如果是这样，“τ-θ 之谜”就被轻易解开，θ 与 τ 两个介子，原本就是一个粒子，即 K 介子。

“在弱相互作用中宇称不守恒”观点的提出，不但需要科学家超强的智慧，还需要他们有极大的勇气和胆量。有许多科学家在研究时，可能也触及了“宇称不守恒”这一想法，但只在脑海中一闪而过，他们没有抓住这一灵感，并不是因为能力不足，而是在面向已经形成的“真理”挑战时胆怯了。他们没有对看似亘古不变的真理挑战的勇气。真理的诞生并不是一帆风顺的，有时还极为痛苦，这就需要科学家们不但应具有超强的智慧与能力，还要有承受巨大压力的勇气和信心。

初生牛犊不怕虎，两位年轻的中国博士勇敢地提出了他们的观点，引起了物理学界极大的反响。

许多人都认为两人的想法非常大胆，但可能性很小。瑞士苏黎世工学院的泡利教授曾在一封信中公开表示：“我不相信上帝会是一个无能的左撇子，我看不出有任何逻辑上的理由能够说明镜像对称会和相互作用力的强弱有关系。”只有少数的科学家认为两人的观点存在可能性，并持观望态度。

4. 吴健雄的证明

李政道与杨振宁知道，仅仅依靠一篇论文是无法让人信服的，所以在 6 月基本确定“弱相互作用下宇称不守恒”这一理论的同时，他们就一直在研究如何做出令人信服、无懈可击的实验。

经过一段时间的努力，李政道与杨振宁研究出了实验的基本方法，即形成一个弱相互作用的条件，然后记录在这一条件下，粒子衰变时的方向是否对称等相关数据，从而证明这一粒子的宇称是否守恒。

这一看似简单的实验其实具有非常大的难度。要想制造这种弱相互作用条件，并准确无误地观察到粒子的衰变过程，是一件非常困难的事情。当时人们对 β 衰变的研究已经有很长的时间，经验和数据都很多，李政道与杨振宁决定用 β 衰变做实验，观察弱相互作用下宇称不守恒定律是否适用于这一粒子。

实验方法确定了，可是邀请哪位物理学家主持这一难度极大的实验呢？两人制定的这项实验方案对人员及设备的要求非常高，不但主持者要有娴熟的技术、丰富的经验，还要对 β 衰变领域有着深入的研究。

李政道与杨振宁先后邀请了几位实验物理学家，但因为难度太大，希望渺茫，都被婉言谢绝了。这时，李政道想到了同在哥伦比亚大学任职的美籍华人、著名物理学家吴健雄女士。她是当今世界上 β 衰变领域最具权威的专家之一，被誉为“东方居里夫人”，参加了“曼哈顿计划”，她的物理实验以巧妙、娴熟、高度精确著称。

“东方居里夫人”吴健雄

李政道怀着忐忑不安的心情先是给吴博士的办公室打电话，却得知吴博士已经请了长假，打算回国探亲。他的心一下子凉了半截，可是又不甘心，抱着试试看的态度，他要了吴博士家里的电话号码。

“丁零零，丁零零——”

吴健雄博士家的电话铃急促地响个不停，吴博士与丈夫都在收拾行李，并没有接电话的打算。他们已经计划好了一次长途旅行，而这次旅行对两个人有着极为重要的意义。

原来吴健雄博士与丈夫袁家骝都是在1936年离开中国的，此时已经有20年了，经过多方联系，他们终于争取到了回国探亲的机会，两人打算在去日内瓦参加一个会议后，就从那里乘船回国。

“丁零零，丁零零——”电话铃声已经连续响了三分钟。

“我们还是接一下吧，也许有重要的事情。”吴博士对丈夫说。

“你好，我是吴健雄。”

“您好吴博士，我是李政道，我知道您要去旅行，很抱歉打扰您。可是我的论文真的需要您的帮助，您能抽空和我谈一下吗？”李政道非常着急，语调急促。

“很抱歉，这次旅行我们已经等待很久了……”吴健雄打算婉言谢绝。

“我现在已经在您家的门口了，能方便与您谈一下吗？我会尽量缩短谈话时间，不会耽误您很久。”原来李政道听说吴健雄要旅行，非常着急，害怕错过见面的机会，就连忙来到她家楼下，希望能当面与她讨论实验的问题。

吴健雄向丈夫望了一眼，袁家骝已经听到了电话内容，无可奈何地摊了摊手，起身去开门。

李政道进来后看到已经收拾一半的行李，感到万分抱歉，可又非常庆幸自己及时赶到。他把整理好的“弱相互作用下宇称不守恒”的论文、相关实验设想及材料，一股脑的全交到吴健雄与袁家骝手里，然后诚恳地说：

“吴大姐，关于‘τ-θ 之谜’已经困扰我们好几年了，为了解开谜团，我和杨振宁进行了无数次的尝试。现在理论分析已经基本完成，亟待相应的实验来证实。可是这个实验由于难度大、希望小，已经有好几位专家拒绝了。我们知道您一直从事这一领域的研究，请您帮帮我们吧！”

吴健雄粗略地看了一下材料，“弱相互作用下宇称不守恒”理论及相关实验设想引起了她极大的兴趣。对“τ-θ 之谜”，吴健雄一直以来也非常关注，对于一个物理学家来说，能够对自己从事的领域作进一步的研究，是一个多么难得的机会啊。

这个时候，她已经做出了取消旅行的决定。

“政道啊，你先不要着急，我对这个实验非常感兴趣。”吴健雄一边放下厚厚的材料一边说，“就像你所说的，这个实验难度极大，给我点时间，我需要进行仔细的分析和研究。这样吧，你先回去，只要有希望，我一定会帮你们完成试验。”

“太谢谢您了，吴大姐！”吴健雄的坦率与热心让李政道激动得不知说什么好。他回去后第一时间便把这个消息告诉了杨振宁。

送走了李政道，吴健雄转身看到坐在沙发上一脸无奈的丈夫，感到既心疼又抱歉。两人自从 1936 年相识、相知到现在相濡以沫，已经 20 年了，她深为自己夜以继日地工作很少陪在丈夫身边而感到愧疚。

“我们的计划要取消了……”她一脸歉意地对丈夫说。

“没关系，李政道找到你，是对你的莫大信任。两个年轻人敢于向已经形成的定理挑战，需要多么大的勇气呀！更何况大家都是中国人，我们应该尽力帮助他们。这次我先一个人回去看看，等到条件成熟，我们再一起回去。”袁家骝温柔地对妻子说。

几天以后，李政道与杨振宁一起被吴健雄邀请到了办公室，此时她已经对实验目的、过程、结果、注意事项及所需的人员、设备作了详细的研究，请他们一起商量方案。她说：

“对于这个实验涉及的所有问题，我都进行了细致的研究，其他方面还都好办，只是现在需要一套低温核极化设备。这套设备只有华盛顿国家标准局才有，并且他们正在进行放射性核钴60的低温取向研究，有一大批搞实验物理、超低温技术的专家，所以我想与他们合作。”

李政道与杨振宁非常赞同吴博士的想法，他们说：“吴大姐，关于这次实验，一切都拜托您了！”

接下来的时间，吴健雄开始了夜以继日的研究工作，她一边着手落实计划的细节，一边打电话与华盛顿国家标准局联系。

当时担任标准局这方面的负责人是安布勒博士，开始时安布勒博士对这个实验的意义不太明确，加上自己的工作又很忙，所以不太想合作，一再推托。吴健雄非常着急，她决定放下手中的工作，亲自去一次华盛顿，找安布勒博士面谈。

与安布勒博士见面后，吴健雄对他的印象要比在电话里好很多。通过交谈，安布勒博士得知这次实验是为了验证一个已经被认可多年的定理，表示非常支持。安布勒具有美国人那种热情、爽朗、幽默的性格，他直接把自己的三位助手介绍给吴健雄，让她对低温核极化设备及相关技术有一个初步的了解。最后，吴健雄与安布勒商定，等到9月，吴健雄忙完哥伦比亚大学的工作后，就带着她的实验小组来到标准局，与安布勒博士的团队一起合作，共同完成这项实验任务。

回到哥伦比亚大学，吴健雄把这一消息告诉了李政道，然后一边继续原来的教学工作，一边为赴华盛顿作准备。9月中旬，她率领着自己的助手们来到了华盛顿。这样，由吴健雄领导，由实验物理学家与超低温技术专家组成的实验小组正式成立，全力以赴开始了实验前的各项准备工作。

这是一项艰巨而复杂的任务，不能有一点儿马虎，即使是在 β 衰变领域有着多年丰富经验的吴健雄，对这次实验也极为谨慎。她在标准局的实验室里度过了一个又一个紧张而忙碌的日子，像一位运筹帷幄的将军，做着临战前的各项部署。

一切准备工作就绪，激动人心的时刻就要来到了。

一大清早，吴健雄就带领着她的小组成员来到实验室，对所有参加实验的机器设备进行最后一次检查。当确定一切都符合实验标准时，吴健雄让大家各就各位，下达了开始实验的命令。

时间一分一秒地过去，每个人都在自己的岗位上目不转睛地盯着实验仪器，显示器上发射速率越来越稳定，一切都与原来的设想吻合。

“改变磁场的方向。”吴健雄大声地说。

这项实验就是要在极低温下，用强磁场把 β 衰变中放出的电子钴 60 自旋方向极化，然后观察是否会出现宇称不守恒现象。

时间仿佛凝固了，每个人都一动不动，屏住呼吸，观察着实验仪器。

结果与大家希望的一样，β 衰变中钴 60 表现出了宇称不守恒现象。

“大家不要动，再来一次。”为了保证实验的结果准确无误，吴健雄下达了再次实验的命令。

结果与第一次一样。

“再来一次。”

结果还是相同。

成功了！成功了！华盛顿国家标准局的实验室沸腾了！

吴健雄把这一实验结果告诉了李政道，但出于慎重考虑，她认为这只是个初步结果，接下来几天，还要进行多次的检验。

从 1957 年 1 月 2 日到 9 日，在华盛顿国家标准局的实验室里吴健雄率领着她的实验小组不眠不休，连续奋战了 7 天，直到 9 日凌晨，她才向大家宣布实验结果准确无误，并向外界公开发表。

经过了 100 多个日日夜夜的辛勤工作，吴健雄克服了 β 射线极化、晶体生长等一系列困难，向世界证明了李政道与杨振宁“弱相互作用下宇称不守恒”定律的正确性。

李政道与杨振宁得知结果后，激动得热泪盈眶。两人紧紧地拥抱在一起。为了解开“τ-θ 之谜”，他们不知克服了多少难以想象的困难，一次次的失败与困惑没有吓倒他们，反而让两个年轻人更加坚定信心，在科学道路上昂首前进。

在吴健雄实验结果公布的同时，哥伦比亚大学的实验小组与芝加哥大学的实验小组，就李政道与杨振宁论文中提到的其他证明方法也进行了另外的实验，结果同样证实了在弱相互作用下宇称不守恒。

1957 年 1 月 15 日，哥伦比亚大学物理系举行了一次盛大的记者招待会，向全世界宣布：“在弱相互作用下，‘宇称守恒定律’被推翻了。”

这一消息在世界物理学的海洋上像一阵飓风，掀起了层层的巨浪。原来在“宇称守恒定律”下的许多物理理论研究体系都被推翻，这对物理学界的影响可谓惊天动地。

美国《纽约时报》第二天就刊登了标题为《宣称物理学上的一个基本观念被实验推翻了》的头版新闻，详细报道了这件事情的过程及意义。

此后的一段时间里，“宇称不守恒”成为全世界的物理学家们谈论的话题。

在 1957 年 1 月 30 日召开的美国物理学界年会上，特意为“宇称不守恒”定律举行了一个为期半天的讨论会，参会人数达到了 3110 人，差一点就破了大会的历史纪录。世界物理学的精英们都争先恐后地来到这里，想身临其境感受科学史上的一个伟大的转折点。

“弱相互作用下宇称不守恒”定律的提出，改变了一直以来深入人们心中的“宇称守恒”观点，对于物理学家们在研究宇宙的构造以及微小物的构造中有着极为重大的意义。

美国物理学家杰里米·伯恩斯坦说：“这是二战后整个物理学上最令人惊奇而激动的事情。”

意大利物理学家、诺贝尔奖获得者塞格莱的话语，道出了李政道、杨振宁与吴健雄三位科学家的心声。他说：

“这三位中国的物理学家取得的成功，表明了只要中国这个伟大的国家，一旦克服了社会的动乱局面，将重新肩负起她在世界先进文明中的使命，将在世界物理学方面做出令人惊叹的伟大贡献。”

1984 年，美国总统里根访问中国时，特意强调了李政道与杨振宁的“宇称不守恒定律”，并称赞说：“是它丰富了我们对宇宙、对物理基本特点的认识。”

第七章

问鼎诺贝尔奖

1. 与时俱进的科学定律

李政道与杨振宁经过不懈的努力，终于推翻了30多年来被人们奉为“金科玉律”的“宇称守恒定律”，使人类在寻求科学真理的道路上又向前迈进了一步。有人也许会问，既然出现了宇称不守恒现象，当时“宇称守恒定律”为什么会被大家都认可呢？其实这在科学上是一种正常的现象，正如误差是不可避免的一样，当时由于受到设备、条件、技术等方面的限制，人们没有能力去做弱相互作用下的宇称守恒实验，也就是说当时人们没有能力把宇称守恒这一定律放在所有环境中进行实验证明，就凭着主观的愿望，断言了“宇称守恒定律”，属于一种主观愿望代替客观规律的“臆想”现象。而李政道与杨振宁打破的只是没有实验验证的一种主观愿望，使客观事物恢复了它本来的面目。

其实科学上有许多这样的事情，人类的进步正是在不断纠正失误的基础上进行的。

在古希腊，有一位大数学家欧几里得，他有一条著名的定理："三角形内角之和等于 180 度。"这条定理提出后，两千多年来一直被人们认为是亘古不变，适用于所有环境的真理。后来到了 18 世纪，随着航海事业的发展，人们把这条定理用在航海距离的计算上，却总是出现错误，与实际距离总是有差距。渐渐地大家才明白，原来"三角形内角之和等于 180 度"这一定理，只能运用于平面几何中。地球是球形的，大海作为地球表面的一部分当然不是一个平面，而是一个曲面。在曲面上三角形内角之和并不等于 180 度，所以在计算中总是出现错误。

这就是在客观世界中，由于人们认知水平的提高，出现了新问题、新情况，而要解决这些新问题、新情况，就需要相应的科学定理不断去更新、不断去完善。

所以后来又产生了黎曼几何、罗巴切夫几何，欧几里得的几何定律适用于平面几何，罗巴切夫的几何定律适用于负曲律空间，而在正曲律空间里，要靠黎曼几何定律，这样使得新问题、新情况得到解决。

还有我们大家熟悉的牛顿三大定律，即惯性定律、加速度定律、作用力与反作用力定律。这是我们在初中时就学到的知识，曾经被称为"永恒定律"。但是随着科学的发展，兴起了相对论力学及量子力学，人们渐渐明白，牛顿定律也有一定的适用范围，要以宏观低速为条件，但在宏观高速运动下，则要用相对论力学来计算，在微观世界中的研究要靠量子力学。

历史上的这些事实告诉我们，科学真理不可能一成不变，一个科学真理的产生只反映了人们在当时的条件下对客观世界的认识水平。随着人们对世界认识程度的加深，科学真理也需要与时俱进，不断更新，不断发展。

2. 诺贝尔奖的猜测

1957 年的秋天，李政道向哥伦比亚大学请假，再次来到了普林斯顿高等研究院，在这座自由的科学圣殿，专心致力于“宇称不守恒”概念的产生引出的物理学中一系列新领域的研究工作。

当时，李政道的朋友和同事们都在猜测“弱相互作用下的宇称不守恒定律”的发现，会不会获得当年的诺贝尔奖。虽然这一发现非常重要，得奖是迟早的事，但从 1956 年 10 月发表论文，1957 年 1 月验证，到现在进行有关研究，也就是一年多的时间，在这么短的时间内就得到国际物理学会认可并获奖，自 1901 年诺贝尔奖设立以来，还从没有发生过。

于是他的两位好朋友，哥伦比亚大学物理教授拉比和库什就打赌，拉比教授认为李政道会得奖，并且得出可能性为 95% 的结论。而库什教授则说：“凡事总有个意外的发生，明年获奖可能性也很大，难道你忘了那次劳伦斯的尴尬吗。”

在 1938 年 10 月，当时大家都认为诺贝尔物理学奖非回旋加速器发明者——劳伦斯莫属，而劳伦斯本人也这么想。于是在宣告结果的当天，他邀请了许多的朋友，买好了香槟酒，坐在收音机旁，等待瑞典科学院宣布结果。就在大家都鸦雀无声、静待佳音的时刻，收音机里却报出当年物理学奖的得主是费米，就是李政

道的老师，让全体聚会人员不知所措。劳伦斯沮丧极了，亲朋好友们也不知该怎么安慰，只好悄悄离开，场面异常难堪。虽然第二年劳伦斯还是得到了诺贝尔奖，几箱香槟酒也派上了用场，但已经没有了前一年的紧张与兴奋。

李政道非常感谢朋友们的关心，但在诺贝尔奖上，他还是表现得很超脱，认为一切顺其自然，如果水到，自然渠成。

1957 年 10 月 24 日，瑞典记者打电话要来他家进行采访，朋友们都说这是个好消息，可李政道依然保持他一贯的低调作风，准备了一下，带领全家平静地接受了记者的采访。

1957 年 10 月 31 日上午，李政道正在办公室里工作，他的夫人秦惠君打来电话，告诉他瑞典皇家科学院已经宣布把当年的诺贝尔物理学奖授予了他和杨振宁。李政道的脸上露出了笑容，普林斯顿高等研究院的负责人听到消息后，立即来到了办公室向他表示祝贺，当时正是万圣节前夕，他告诉李政道，研究院已经为他准备了一个盛大的万圣节前夕聚会。

当夜的普林斯顿高等研究院沸腾了，大家尽情欢乐着，一遍一遍地向李政道表示祝贺，大家提前进入了万圣节的狂欢状态。

接下来几天，李政道与杨振宁忙得不可开交，一会儿被邀请去作报告，一会儿又去大学里作演讲。到处都是大家的祝贺声，最让李政道感到兴奋的是从祖国发来的一封电报。秦惠君后来回忆说："那些天都是接到大家的祝贺与祝福，政道很高兴。但他还是每天正常去上班，去工作。有一天，还没到下班时间，他就兴冲冲地跑回家里，手中拿着一封电报，激动地对我说：'是祖国发来的，是我的老师发来的，太高兴了！'我看了一下，那是中国著名物理学家吴有训、周培源和钱三强联合发来的电报，上面说：‘中国的物理学界对这一可喜的事件感到自豪。’政道是一个很内敛的人，从没有这样激动过，他兴奋得像个孩子，为自己能够使祖国感到自豪而激动不已。”

遗憾的是1957年的诺贝尔奖没有吴健雄的名字，这让很多人感到不满，并对此提出质疑。李政道与杨振宁多次找到瑞典皇家科学院，为吴健雄做推荐工作，但是诺贝尔奖的评选有严格的规定，不但全过程保密，而且没有复议。即使是在最后发表结果时，也只有获奖人的姓名和简要理由，有关评选的记录和候选人材料等，50年内都不得向外界公开。所以没有办法，吴健雄虽然为“弱相互作用下的宇称不守恒定律”作了重要的证明，但并没因此而获得诺贝尔奖，这件事成了李政道与杨振宁心中永远的遗憾。

3. 诺贝尔与诺贝尔奖

关于诺贝尔奖我们并不陌生，这个奖项是瑞典科学家诺贝尔使用他的私人财产设立，用于奖励那些在某个领域为人类的发展做出重大贡献的人。为了表达对这位传奇科学家的敬意，我们先来回顾一下他的人生经历。

1833年，诺贝尔出生在瑞点的首都斯德哥尔摩。本来他的家庭还算富裕，可是因为爸爸酷爱发明，投资新发明失败，所以在他出生时家里已经破产。屋漏偏逢连夜雨，小诺贝尔出生后身体极为虚弱，经常生病，当时简直可以用百病缠身来形容他。长大后，别人家的孩子都能上学了，可是因为身体状况，他却去不了学校。诺贝尔的一生中只在八岁时才断断续续地在学校读了一年书，后来不得不因病退学。虽然没有接受正规的学校教育，但诺贝尔遗传了他父亲的热爱发明基因，生病在家时，他把更多的时间投入到兴趣爱好中。阅读书籍、做试验成了他在家里打发时间的唯一方法。

九岁时，父亲在俄国建立工厂，全家人搬到圣彼得堡，生活条件渐渐好转，他跟随俄罗斯教授学习化学知识。

兴趣是最好的老师，诺贝尔对化学的热爱已经到了痴迷的程度。1850 年，17 岁的诺贝尔远赴国外学习。他先来到了丹麦和意大利，接着又去了法国的巴黎和英国的伦敦，最后他来到美国的纽约市，在那里停留了大约两年的时间，努力学习化学知识。1852 年，他回到了俄国圣彼得堡。

19 世纪工业蓬勃发展，许多国家迫切需要发展采矿业和运输业，而这些都离不开炸药的帮助，当时的炸药不是威力小就是不安全，给从事爆破工作的人员造成极大的困难。年轻的诺贝尔见到这种情况后，暗下决心：一定要发明一种爆炸威力大又相对安全的炸药。

当时有人发明了一种液体硝化甘油炸药，虽然威力大但极不稳定，使用非常不安全。诺贝尔从发明安全的引爆方法入手，不断进行试验。这种化学实验不但难度高，而且有很大的危险性，诺贝尔为此付出了惨痛的代价，他最喜爱的弟弟在一次化学事故中丧生，这让他悲痛欲绝，而诺贝尔自己也在发明炸药的实验中一次又一次地受伤。可一切都无法阻止他发明安全炸药的决心。

1864 年的一天，诺贝尔将雷酸汞装进了一根小铅管里，安上引线，然后将小铅管轻轻地放入硝化甘油中，点燃引线。他目不转睛地注视着燃烧的引线，想要观察引线接触到雷酸汞时的反应，突然轰的一声巨响，硝化甘油爆炸了，顿时实验室的地面上炸出了一个大坑，整个屋子浓烟弥漫。正当人们组织救援的时候，只见诺贝尔浑身是血从瓦砾堆中爬了出来，兴奋地喊着："成功了！我成功了！"诺贝尔终于发明了引爆物，人们把它称为"雷管"，它的发明大大增加了液体硝化甘油起爆时的安全性。

雷管炸药的发明在采矿业上大受欢迎，但其主要原料仍然是液体硝化甘油，所以雷管炸药仍然很不稳定。运输中稍有震动或者温度变化较大时，就会引起爆炸。于是诺贝尔又冒着生命危险开始用纸、木屑、石膏块、黏土等材料与硝化甘油混合，研究安全性更高的炸药。最后，他发现使用硅藻土与硝化甘油按一定的比例混合后，硅藻土吸水力强的特点降低了硝化甘油的不稳定性，这样诺贝尔终于发明了安全的固体炸药，并建立了生产固体炸药的工厂。诺贝尔发明的炸药从此走向世界。

随着一个又一个发明专利得到认可，诺贝尔的事业达到了顶峰，他成为瑞典皇家科学院的会员，并积累了巨大的财富。可是诺贝尔渐渐地发现自己的发明更多的不是用在人们的生活中，而是成为了战争的武器。人们送给他"炸药大王""军火商"等称号，事情的发展与他的发明初衷大相径庭。此后的诺贝尔极力关注世界和平，他拿出大量的奖金来推动世界的和平与发展。1893年，他从法国回到了瑞典，1896年12月10日，诺贝尔因病逝世，结束了他辉煌而传奇的一生。

在诺贝尔的遗嘱里，他把自己巨额财富无私地奉献给了世界和平、科学发展和人类进步事业。诺贝尔以奖金的形式对那些在人类生存与发展的领域做出杰出贡献的人进行表彰奖励。他选择了物理、化学、生理或医学、文学、和平五个重要的领域。通过遗嘱执行人不遗余力的努力，在 1901 年 12 月 12 日，终于成功颁发了第一次诺贝尔奖。

在此后的时间里，诺贝尔奖记录了 20 世纪重大的科学成就。诺贝尔促进科学事业的发展，使科学更好地为人类造福的愿望得到了完美的展现。现在，诺贝尔奖已经发展成为科学界的一种极高荣誉，对人类科技事业的发展起到了极大的推动作用。

通过一百多年来对诺贝尔物理奖获奖项目的观察，人们发现诺贝尔奖十分重视基础理论和新兴科学的研究。基础理论对于科学的发展，往往具有永久性和方向性的作用。而新兴科学代表着人类的发展方向。随着 20 世纪物理学的迅猛发展，人们对世界的认识，从宏观到微观，从原子到粒子逐渐揭示物理世界的本质。而诺贝尔奖的评定对物理学的进步起到了巨大的推动作用，这一点从诺贝尔奖的获奖项目就可以看出：新兴粒子科学方面的奖项占据了大半。

诺贝尔奖还有一个特点，奖项的评定一般都不是在科研成果刚刚公布的时候，而是经过了若干年的实践，证明了这些科研成果确实对科学的发展、人类的进步产生了巨大的作用之后，才给予评奖。这种谨慎的方法使得诺贝尔获奖项目的选择基本正确，含金量也更高。正是在这种情况下，李政道与杨振宁从提出“弱相互作用下宇称不守恒定律”到获奖，仅一年时间，就更为难得了。

4. 辉煌的时刻

1957年12月8日，李政道、杨振宁及他们的夫人乘坐飞机来到瑞典首都斯德哥尔摩，参加诺贝尔奖授奖仪式。李政道的心情既紧张又激动，下飞机时一个有趣的情节缓解了他紧张的情绪。

当时瑞典政府派一位官员来迎接他们，这位官员看到李政道走下飞机，立即迎上前问道："请问您的父亲在哪里?"原来这位官员认为诺贝尔奖的获得者怎么也得是个中年人，当看到年轻的李政道时，还以为他是李政道的儿子呢。这时李政道的夫人秦惠君女士连忙介绍说："这位就是李政道先生。"那位官员非常尴尬，一再为自己的判断失误而道歉。

斯德哥尔摩是瑞典的第一大城市，位于波罗的海的西岸、梅拉伦湖的入海处。它坐落在许多个小岛上，水道纵横，景色宜人，远远望去，西面的梅拉伦湖一望无际，东面波罗的海水面上水鸟飞翔，船只不断。在市区的街道上高楼耸立，绿树成荫。清晨的斯德哥尔摩更是迷人，整个城市常被薄雾笼罩，如同仙境。雾气散后，树枝上又会留下洁白而又蓬松的雾花，在阳光的照射下耀眼夺目。

在市中心有一座古朴典雅、大方别致的正方形建筑，这就是享誉世界的蓝色音乐厅——诺贝尔奖的颁奖圣地。在人们的心目中，这里就是智慧的象征，是表彰世界最杰出科学家的殿堂。

下午四时，在音乐厅的两侧停满了一辆辆高级轿车，瑞典的皇室成员、政府官员、社会各界代表及特邀嘉宾都陆续来到礼堂。诺贝尔奖的颁奖典礼既庄严又隆重，就连对获奖者的衣着都有严

李政道领奖瞬间

格的要求。男士们都要身着燕尾服，系白色领结。这是北日耳曼与英国绅士喜爱的正装，意在显示出一种古典、高贵。女士则要求身穿长款晚礼服，并佩戴相应首饰。

激动人心的时刻终于到来了，时钟指向四时三十分，大厅响起了由瑞典斯德哥尔摩爱乐乐团演奏的《斯德哥尔摩狂响曲》。在优美的音乐声中，瑞典的国王、王后、首相、社会各界代表及贵宾步入会场。李政道与杨振宁走在获奖者的最前面，诺贝尔奖的领奖顺序是遵守诺贝尔遗嘱的安排，即以物理、化学、生理或医学、文学为序。李政道的夫人秦惠君与杨振宁的夫人杜致礼在贵宾席的第一排就座。

随着音乐的停止，颁奖仪式正式开始。在一阵雷鸣般的掌声中，时任诺贝尔基金会主席的埃克博格勋爵发表讲话。在瑞典皇家管弦乐队演奏后，诺贝尔物理评奖委员会主席走上讲台，向大家宣布 1957 年诺贝尔物理学奖的获得者是李政道与杨振宁，并就他们在物理学上的主要贡献作了简短的说明。

两人在音乐声中走向舞台的中央，瑞典国王分别与两人握手，并颁发了诺贝尔奖章、证书和奖金。

诺贝尔奖章由纯金制成，正面为诺贝尔先生的侧身浮雕像，十分精致，栩栩如生，上面还有一段简短的赞词："多么仁慈而伟大的人物，人们仰赖他的贡献和发现，使得人们智慧生活更见充实。"奖章的背面是科学女神正揭开自然女神面纱的图案，象征人们正在用科学揭示大自然的奥秘，寓意深刻。图案的下方镌刻着获奖者的姓名及时间。

两人向大家鞠躬表示感谢。此时的李政道与杨振宁心情激动万分，从诺贝尔奖创建以来，他们是第一个站在这里的华人，他们向世界证明了炎黄子孙在向科学探索的道路上勇往直前的能力与信心。李政道想到了从十几岁离家求学，到现在他所经历的许多难以想象的困难及付出的巨大艰辛。而今天，能够站在科学界最高的领奖台上，是自己这些年不畏艰难、努力奋斗的结果。坐在台下的妻子秦惠君泪光闪闪地看着台上的丈夫，在他们结婚的七年中，她亲眼看到了李政道在科学道路上的艰难跋涉，看到了他在探索真理的道路上所经历的艰难困苦，她衷心为丈夫取得的成绩感到欣慰。诺贝尔奖章在李政道与杨振宁的胸前闪烁着耀眼的光芒，奖章的背后也凝聚了吴大猷、束星北、王淦昌等中国老

一辈物理学家们的殷切希望。

诺贝尔颁奖仪式结束后，国王和王后来到一楼的宴会大厅，为所有获奖者举行了一场1400多人参加的盛大晚宴。

作为世界上最有名的宴会之一，诺贝尔晚宴具有瑞典皇室的奢华气派，包括音乐家、设计师、厨师在内的瑞典各界名家，各尽所能地打造了这一场文化的饕餮盛宴。光是为这场宴会服务的大厨就汇集了十几位世界顶尖的烹饪专家。宴会的食谱更是神秘，从不对外公开，宴会中所使用的材料及布置会场所用的鲜花都是从世界各地精心挑选而来。考虑到宗教的原因，宴席上不会出现猪肉，而鹿肉是第二天国王宴请获奖者的主菜，所以在晚宴的餐桌上也不会出现。宴会使用的餐具当然也是特制的，光是杯子，在每位就餐者的面前就会摆放四个不同用途的特制水晶杯。

按照惯例，宴会开始前是获奖者的简短演讲，当时李政道没有准备，他思考了一下，缓缓走到麦克风前，他说：

“虽然我得的是物理学奖，但是这里我要给大家讲一个中国的神话故事，这个故事取自中国的著名小说《西游记》。在很久很久之前，花果山有一只猴子出生了，他从生下来就与其他的猴子不同，具有他们所没有的智慧，很快这只猴子就成为了猴群里的大王。但这并不是他的目的，他要修道成仙。于是跋山涉水、远渡重洋去仙岛学习道法。许多年以后，学到了一身本领的猴王又重新回到了花果山。他还不满足，他要到天上去做神仙。开始的时候玉皇大帝不同意，可是见识了孙悟空的筋斗云与金箍棒的威力后，玉帝只好让步，并且封猴子为齐天大圣。

“当上了齐天大圣的猴子还是不满足，他又突发奇想，要当玉皇大帝。这下玉帝可不干了，他派下了天兵天将来捉拿猴子，都被齐天大圣与花果山的猴兵们打败了，最后只好请来了如来佛祖。

“如来佛祖笑眯眯、一脸慈祥地对齐天大圣说：‘如果你有本领跳出我的手掌，玉皇大帝就让你当。’猴子一听乐开了花，他想：‘这个还不简单，我一个筋斗云能翻十万八千里，何况你小小的手掌心了。’于是高兴地答应了。可是事实却不像他想的那样，尽管猴子用尽了全身力气，回头看看自己还是在如来佛的手心里。”

李政道停顿了一下接着说：“我们搞科学研究的人，也像那只猴子一样，即使取得了一些成就，而与真理的差距仍然是十万八千里。”大厅里响起了热烈的掌声，特别是一些年轻人非常兴奋，李政道用生动的比喻，谦虚地表达了作为一名年轻物理学家对待科学的谨慎态度。

晚宴之后是舞会，李政道与杨振宁夫妇及与会的宾客们一同步入舞池，翩翩起舞，尽情享受幸福时刻。

第八章
延伸的科学之路

1. 获奖后的生活

李政道在获得诺贝尔奖以后，继续在普林斯顿从事研究工作，荣誉和地位的接连到来，并没有使李政道停止前进的脚步。他常说：“在美国这样一个竞争激烈的社会里，一切荣誉都是对过去成绩的肯定，不代表着未来也总是处于领先的地位。”

在物理学的研究道路上，他依旧奋力前行。1957 年 4 月，他与杨振宁一同获得了爱因斯坦物理学奖；1958 年，李政道、杨振宁与吴健雄三人又共同获得了普林斯顿大学物理学奖；1960 年，李政道被授予普林斯顿大学物理荣誉博士学位；1961 年，他又被推选为美国国家科学院院士；1963 年，他回到了哥伦比亚大学，担任第一位“费米讲座”的物理学教授；1984 年，李政道获得哥伦比亚大学全校级教授这一最高职务。

近半个世纪以来，李政道一直在物理学前沿阵地上辛勤耕耘，从事粒子物理、统计力学、天体物理、流体力学、固体物理等众多领域的研究工作，并取得了丰硕成果。美国著名的科学家吴贝尔曾这样称赞李政道：“他具有已故天才科学家爱因斯坦‘超时代大胆想象’的特殊能力。”

2. 硕果累累

李政道的科学研究领域非常广泛，自 1946 年来到芝加哥大学攻读研究生至今，取得了一系列辉煌的成就。

1949 年与 M. 罗森布拉斯、杨振宁合作，提出了普适费米弱作用和中间玻色子的存在。

1951 年提出水力学中二维空间没有湍流理论。

1952 年与 D. 派尼斯合作研究固体物理中极化子的构造。

1954 年发表了量子场论中著名的“李模型”理论。

1957 年与 R. 奥赫梅、杨振宁合作提出电荷共轭不守恒和时间不反演的可能性理论。

1959 年与杨振宁合作，研究了硬球玻色气体的分子动理论，从而为研究氦Ⅱ的超流动性做出了突出贡献。

1962 年与杨振宁合作，研究了带电矢量介子电磁相互作用的不可重正化性。

1964 年与 M. 瑙恩伯合作，研究了无（静止）质量的粒子所参与的过程中，红外发散可以全部抵消问题，这项工作又称李—瑙恩伯定理。

1960 年代后期，提出了场代数理论。

1970 年代初期研究了 CP 自发破缺的问题。

1970 年代中期又发现和研究了非拓扑性孤立子，并提出了强子结构的孤立子袋模型理论。

1970 年代后期和 80 年代初，李政道继续在路径积分问题、格点规范问题和动力学变量等方面开展深入研究，后来又提出了离散力学的研究路径。

即使已经进入了耄耋之年，李政道仍然自强不息、勇于探索，他用自己的行动诠释着爱因斯坦的名言：科学研究永无止境。

第九章 深深的爱国情

1. 第一次回国访问

在动荡的战争年代，李政道被当时的国民政府派送出国留学，虽然一直在异国他乡从事科学研究工作，但李政道的内心始终怀着对祖国深深的眷恋之情。他出国不久，家中就遭遇了重大变故，母亲张明璋女士和哥哥李崇道因为留宿了一位大学同学而不幸被捕入狱，他的父亲、弟弟及妹妹不得不辗转到了日本，最后父亲病死在那里。从此李政道只有把深深的爱国情埋藏在心底，在科学的道路上努力拼搏。

在工作之余李政道最喜欢祖国的古典文学，他特别喜欢吟唱当年在西南联合大学读书时的校歌。这是一首由音乐家张清常谱曲，我国著名学者冯友兰、朱自清、罗常培、罗庸与闻一多五人合作填写的《满江红》：

万里长征，辞却了五朝宫阙。
暂驻足衡山湘水，又成离别。
绝徼移栽桢干质，九州遍洒黎元血。
尽笳吹弦诵在山城，情弥切。
千秋耻，终当雪。
中兴业，须人杰。
便一成三户，壮怀难折。
多难殷忧新国运，动心忍性希前哲。
待驱除仇寇复神京，还燕碣。

每当哼起这首歌时，李政道便觉得浑身充满了力量，他将对祖国的思念化成更大的动力，积极投入到科学研究中去。

1972 年，经过多方努力，李政道与妻子秦惠君终于踏上了阔别 20 多年的故土。

他们乘坐的飞机抵达了上海机场，当李政道打开舱门，看到中国政府派来迎接他们的代表、自己的同学及亲友，忍不住热泪盈眶。多少年来，他只在梦里回到过家乡。在梦里，他与父母、兄弟姐妹在黄浦江边说话；在梦里他登上了万里长城，领略祖国的灿烂文明。还记得那是 1937 年，七七事变发生后，日本帝国主义的铁蹄踏入了他的家乡——上海市，当时只有 11 岁的李政道不得不跟随家人离开了故乡，开始了颠沛流离的漂泊生活，也自此踏上了异常艰辛的求学之路。

日月如梭，时光飞逝，35 年后李政道故地重游，感慨万千，对于上海的大街小巷、一景一物他都感到十分亲切。这里有他儿时的记忆，有他童年的美好时光。

在上海逗留了几天后，李政道夫妇在接待人员的安排下来到了中国的首都——北京市，随后参观了当年组成西南联合大学的中国最顶尖的三所名牌大学：北京大学、清华大学和南开大学。在学校里，他受到了师生们的热烈欢迎。李政道看着与自己当年一样意气风发的大学生们，非常高兴，鼓励他们要努力学习，为祖国的建设贡献力量。

接着李政道夫妇又去了洛阳、郑州、长沙等地。

1972 年 10 月 14 日，周恩来总理接见了李政道夫妇。周总理向李政道详细询问了当时美国社会发展情况和科学发展水平，李政道夫妇对周总理的问题一一作了回答，并谈了自己的一些看法。周恩来总理对李政道的回国访问给予了高度的评价，对他与杨振宁获得诺贝尔物理学奖，为华人争得荣誉表示敬意。周总理还鼓励李政道，希望他能在促进中美的科学、文化、教育交流方面做出贡献。

在整整两个多小时的谈话里，新中国领导人渊博的学识和政治家风度让李政道十分敬佩，也让他领略了中国伟大的政治家为国为民殚精竭虑、鞠躬尽瘁的伟大精神。

在这次回国访问期间，李政道目睹了新中国翻天覆地的变化，既高兴又激动。可是在高兴之余，他也为自己发现的一些问题感到担忧。中国当时正处于“文化大革命”的特殊时期，许多政治制度十分偏激。在大学参观时，李政道就发现，当时大学中对待基础科学与应用科学的重视程度完全不同。当时的领导人认为基础理论要从实践中产生，所以认为实践科学要比基础科学，特别

周恩来总理接见李政道

是基础理论知识重要。可是从事多年科学研究的李政道深深地知道，基础科学是对科学发展方向上的把握，如果忽视基础科学，认为应用科学第一、理论科学不重要，势必会造成中国科学在发展上失去方向。更何况没有理论科学做基础，应用科学就是无水之源，无木之林，根本谈不上发展。

李政道在发现国内忽视基础科学的同时，还发现了对于科技人才的忽视，由于受到“文化大革命”的影响，中国的教育发展极为缓慢，甚至出现了人才断档危机。这样发展下去，几年以后，中国将在人才市场出现无人可用的局面，没有人才的国家繁荣昌盛将从何谈起。

这些现象都让他对祖国的发展前途十分担忧。

此时，中国原子能研究所的负责人张文裕先生拜访李政道，让他找到了为祖国的科学发展贡献力量的途径。

张文裕也是我国著名的物理学家，在李政道与杨振宁荣获诺贝尔奖时，他代表中国参加了颁奖典礼，并对两人表示祝贺。此次他是受周总理的嘱托，来与李政道探讨一项物理学上的新发现。

当时中国在云南的原子能实验所里建有一个大型的云雾室，研究人员在那里抓拍到一种粒子的径迹照片，这种粒子的特征很难用已知的粒子来解释，所以研究人员初步判断可能是一种新粒子。张文裕就是否在国际上发布“发现新粒子”的事情询问李政道，想听听他的想法。

再次重逢让两位物理学家都感到非常高兴，李政道知道“发现新粒子”对当时的中国物理学研究意义重大。这是中国的科学工作者在极为简陋的条件下，克服了重重困难，付出了巨大努力才取得的结果。他与其他人一样，都希望这些照片会成为发现新粒子的证据，那么中国在世界物理学界中的地位将得到很大提高。但是李政道也清醒地认识到，中国当时“发现新粒子”的过程并不是十分准确，证据也不充分，如果在处理上稍不留意，就会在国际物理学界闹出笑话。

他谨慎地问张文裕：“你们研究过这种粒子不能够成为新粒子的可能性有多大吗？”

“应该是百万分之一。”张文裕回答。

“噢，如果真是百万分之一，那么这种粒子就可以确定为新粒

子。”李政道兴奋地说，可是他还是不放心，接着又问：

“这一数据你们是怎么得来的？”

“是从照片中粒子径迹的散射中计算得来的。”

“一共拍了多少张照片呢？”

“大概一两万张。”

李政道的心一下子凉了半截，根据高能物理的实验过程及以往的经验，他初步推断这一数据存在巨大误差，“发现新粒子”的误差率应该为百分之一。

开始张文裕不太相信，他又组织研究所的同志专门开了一个讨论会，经过大家仔细的研究计算，认为真有百分之一的误差率，这样就不能盲目地确定该粒子为新粒子。那么怎么办呢？此时李政道在国外科研活动中丰富的经验发挥了作用。

他提出应该先把这一粒子的相关报道刊登在中国的《物理学杂志》上，同时弄一份英文版，再由将要出国的张文裕带到美国去。这样一来中国就可以先取得合法的知识产权，如果通过以后的研究证明了这是一种新粒子，那么知识产权在中国；如果不是新粒子，也只是中国的物理学研究在国内刊物上发表的一篇内部论文罢了。这种既聪明又巧妙的处理方法让张文裕非常佩服。

可是当时中国的《物理学杂志》已经停办，张文裕只好向周总理汇报。周总理立即指示：恢复《物理学杂志》的出版。

虽然后来实验证明这并不是一种新粒子，但至少《物理学杂志》恢复了出版，这对于当时中国的物理学界也算是一件好事。

几天以后，张文裕又在周总理的指示下，向李政道征求中国建造加速器的意见。周总理所说的加速器就是粒子加速器，是从事高能物理研究的重要装置。

随着科学技术水平的不断发展，物理学上人们对“物质”的研究已经到达了粒子的领域。而要想研究到“物质”的粒子层面就必须把“物质”打碎，观察它的微观结构及运动规律。加速器就是打碎“物质”的重要工具，就像显微镜在生物学中的作用一样，加速器是研究高能物理的一把钥匙。

当时李政道第一次回国，对中国的高能物理发展水平并不了解，所以张文裕就向他介绍了1949年新中国成立以后，中国高能物理的发展状况。

高能物理其实是物理学的一个分支，可以分为理论研究和实验研究两部分，在1950年，中国组建了近代物理研究所，就是后来的原子能研究所。研究所里有一项高能物理的研究内容，李政道在浙江大学的恩师王淦昌教授就在研究所里从事这方面的工作。研究高能物理一定要有研究工具，就是加速器，可是在刚刚成立的新中国，别说建造一台加速器了，就连对加速器知识了解的人都很少。在这种情况下，中国原子能研究所的赵忠尧院士，带领一批年轻的科学工作者，自力更生，艰苦奋斗，经过几年的不懈努力，终于在1955年研制成功了我国第一台质子静电加速器，这是中国高能物理发展取得的重大突破之一。

后来，原子能研究所的同志和清华大学的研究人员，又相继建造了2.5MeV电子回旋加速器、400KeV质子倍压加速器和30MeV电子直线加速器。中国的高能物理研究得到了初步的发展。

虽然我国的加速器研究取得了历史性的突破，但与世界先进水平的差距还很大，只具有当时国外二三十年代的发展水平。要想改变中国高能物理落后的面貌，建造更为先进的高能加速器刻不容缓。因此，周总理作了重要批示，将高能物理研究和高能加速器的研制作为中国科学院的主要发展项目之一。

李政道没有想到新中国的领导人有如此高屋建瓴的远见，在国家科技发展的问题上目标如此远大。他非常感动，不禁想起了自己在大学读书时的愿望：能够用所学到的科学文化知识，为祖国的建设服务。可惜一直以来，由于种种原因未能如愿。现在，他终于有为国家的发展贡献力量的机会了。

他对张文裕说：“你知道吗，我等这一天已经等得太久了。”

李政道打心底里支持中国高能物理的发展，不过此时国内只有发展意向，并没有明确的计划。由于时间仓促，李政道暂时也拿不出相应的方案，于是他向张文裕表示：等回到美国后，他会尽快拟订方案，全力帮助新中国高能物理的发展和高能加速器的建造。

怀着依依不舍之情，李政道与秦惠君结束了第一次回国访问，踏上了返程之路。

回来以后，李政道的生活变得异常忙碌，用他夫人的话说就是“由一个学者变成了兼职活动家”。的确，李政道回美国以后，为了新中国高能物理的发展日夜操劳。他一边从中国的国情出发，制订了中国高能物理的发展计划，一边利用自己的影响力积极与美国的实验室及各大学联系，为中国派出科技人员赴美学习和邀请专家去国内讲学作准备，为此花费了大量的时间和精力。

秦惠君看着丈夫日夜奔忙，非常心疼，劝他要注意身体，可李政道却说：“多少年了，我一直都希望能为祖国的建设出一点力，用自己所学的知识帮助中国科技的发展，现在终于有了这样的机会，我能不尽全力吗？这些年在国外的努力拼搏，不就是为了有朝一日能够报效祖国吗？”

李政道时刻记得临别时周总理的嘱托，他把总理的话当成了自己的使命。为了提供中国建造加速器的材料，他深入调研，找到有关方面的专家学者研究探讨：在中国当时的社会条件下，哪种加速器更适合中国高能物理的发展，对当时中国物理学的理论研究及应用研究更有帮助、更有意义。他并将收集到的资料一次次寄给原子能研究所的张文裕所长。

2. 第二次回国访问

经过了一系列的准备，李政道与妻子秦惠君、儿子李中汉在1974年5月再次回国访问。为了祖国的科学发展，他心中已经制订了详细的计划。但是他最担心的，也是他认为最重要的，还是中国的教育状况和对基础科学忽视的问题。

这次回国，李政道见到的情况比前两年更糟糕。在上海的复旦大学，他发现那里的科学研究活动基本上处于停滞的状态，物理系唯一的研究课题竟然是“测量电灯泡的性能”，学生们与老师多数都被下放到农村从事生产劳动，美其名曰“接受贫下中农的再教育”；留下的都是新招收的工农兵学员，对科学根本就一窍不通，只能用饱满的政治热情代替实际的科研工作。

李政道心情十分沉重，两年来，他以振兴祖国的科学事业为己任，积极努力，日夜奔忙，可是国内的这种教育状况即使他付出再多的努力，也无法使祖国的科学事业得到快速发展。

"怎么办？怎么办？"一连几天，李政道白天在有关部门的安排下参观访问，晚上积极思考解决办法。

他想：在中国当时的社会条件下，欲彻底改变教育面貌是不可能实现的事情，但是可以由一些小的变动来促进教育的发展，比如说成立一个基础科学研究培训班，从十三四岁的少年中选拔一些优秀的学生，从小培养基础科学知识的人才，这应该是可以实现的。这样经过六七年的时间，这些孩子到了 20 岁，就能够独立完成科学研究项目，成为国家的栋梁。到那时，中国的科学水平就会有很大的提高。

他把自己的想法告诉了妻子，想听听她的意见。

"这真是一个好办法！"秦惠君为丈夫找到了解决问题的方法而感到高兴，这些天李政道吃不好、睡不好，日夜思考，她都看在眼里，急在心上，"可是，你打算怎么把想法提出来呢？现在国内的科学家和教授都不敢发表意见、提出想法，就拿上次恢复物理学刊物的事情来说，周总理还是借着'新粒子'的事情才发出了指令。"

李政道点了点头说："是啊，怎么提出建议呢？最好还是举出国内已有的事例，证明从小培养人才的重要性，这样才能减少阻力啊！"

"我倒是想起一件事，"秦惠君思索着说，"上次回国时，我们参加总理的宴会，当时一位领导曾向我夸赞上海的芭蕾舞学校，说那里的舞蹈演员，都是从小选拔出来的好苗子，来到舞蹈学校后一边学习文化知识，一边学习芭蕾舞，十几岁时就可以参加演出了。"

“芭蕾舞学校……嗯，一定要年轻的苗子，太好了！这正是我要找的恰当事例。”李政道高兴地站了起来，说，“我们尽快去这所学校参观，学习它的成功经验，再将这些想法写成一封建议书，交给相关部门。”

第二天，李政道就向负责接待的有关部门提出了参观上海芭蕾舞学校的想法，几天后，他们如愿以偿地来到了校园。

李政道向校长详细咨询了芭蕾舞学生的选拔及培养方法，校长介绍说：“这些孩子都是我们按照芭蕾舞的身体条件从全国选拔出的优秀学员，她们每天除了学习舞蹈和文化知识外，还要参加一个小时的劳动，‘接受贫下中农的再教育’嘛。”想了一下，他又补充道：“我们这里的孩子跳芭蕾舞，也是在为人民服务嘛。”李政道敏感地意识到，当时国内的一切事物都要与“为人民服务”结合在一起，看来他的培训班也要有“为人民服务”及“接受贫下中农再教育”的特点。

回去以后，李政道连夜写了《参观复旦大学后的感想》一文，实际上就是一封培训人才的建议书。

他在建议书中写道：“我们国家在科学发展方面，应该重视基础科学的学习和基础人才的培养，对于忽视基础科学会引起的严重后果，国外已有很多例子。在培训基础科学人才上，可以仿照上海芭蕾舞学校的办法：按照一定的标准选拔十二三岁的青少年，进行重点培养。”

李政道对选拔基础科学人才的基本条件作了详细的说明。他以自己的亲身经历为经验，提出了三个重要的标准：“第一要有较强的理解能力；第二要勇于提出观点，具有敢于挑战的勇气；第三要具有较强的记忆力。"

在具体培养方面，李政道在建议书中也谈了自己的初步想法，他认为这些学生至少要接受六年的基础知识教育，除了数学、物理、化学课程外，还要进行语文、外语、历史、体育等其他科目的学习。另外，在教师的配备、教材的选择上也都要仔细研究，这样才能使培训班发挥最大的作用。

建议书写好后，为了慎重起见，李政道并没有直接交给有关部门，而是专门去了一趟北京，找到了老朋友黄宛，请他提意见。

黄宛是著名的医学教授、心脏病专家，长期负责中央领导人的保健工作。他仔细阅读了李政道的建议书，认为思路很好，值得研究，在细节上黄宛提出了几点需要完善的地方，比如说课程时间的分配上。

不过，对于李政道向中国领导人提建议这件事，黄宛的心中还是有很大的顾虑。当时国内政治斗争的严峻形势，他比李政道清楚，所以一再提醒李政道的言词要小心谨慎，千万不要触及"四人帮"的观点，让他们抓住把柄，同时他也为李政道对祖国的一片赤子之心所感动。黄宛建议李政道还是把建议书直接交给周总理。

当天晚上李政道又对建议书进行了认真的修改，并用中英文两种文字各写一份。5 月 22 日一早，李政道请当时负责接待他的朋友朱光亚呈报给周总理，朱光亚就是当年由吴大猷教授选派，一起同李政道去美国的留学生。

3. 向周总理提建议

周总理收到李政道的建议书后，非常重视，两天后，在人民大会堂西厅为李政道夫妇召开了大型的见面会，并且亲自主持。会上邓小平、郭沫若及当时国内著名的物理学家们都参加了。

在会上，周恩来总理首先告诉李政道，他的建议中央十分重视，已经呈报给了毛主席，接着周总理请李政道将建议书上的内容作一个简要的介绍。

李政道得知自己的建议呈报给毛主席，非常高兴，他觉得科技少年班的计划有希望得到实施，那样中国科学的发展也就有希望了。

按照总理的要求，李政道先就基础科学与应用科学简单作了一个介绍，接着他从两者的关系阐述了基础科学的重要性，提出中国科学要想快速发展一定要重视基础科学人才。然后，他环视了一下会场，说："在选拔人才上，我们国内有许多成功的例子，比如上海芭蕾舞学校。我觉得在科技人才的培养方面，可以学习芭蕾舞学校，选择十三四岁的优秀学生，进行重点培养。"

李政道接着讲了对选拔少年学生的要求，他提出了三个标准：一是具有较高的理解能力，这样才能在学习中尽快掌握知识内容；二是要敢于提问，要有怀疑一切的胆量；三是要有较强的学习能力及记忆力。

面对李政道为祖国发展呕心沥血提出的建议，周恩来赞赏李政道："你的建议很值得研究，也得到了中央的重视，也许在处理的方法上会有些不同。等大家仔细研究后再决定，不过你的建议可以先试行一下。"

会议结束后李政道没有参加天安门的参观活动，而是独自一人返回了北京饭店。在会上，他发现参会人员对基础物理学与应用物理学的知识了解得很少，于是连夜写了一份《关于基础科学与应用科学的补充说明》，他将深奥的科学道理用通俗易懂的语言进行阐述，再一次说明基础科学的重要性。

李政道是这样解释的：宇宙中的一切事物都有它的规律，大到太阳、月亮等星球，小到质子、电子等微粒。在物理学中，不但要研究它们在静止状态下的规律，还要研究它们在运动中及变化过程中的规律。而基础科学就是在对这些不同事物的研究中，发现共同点，了解掌握不同事物的共同规律，再将这些规律反复地、螺旋式地循环应用，这样就形成了用途广泛的应用科学。基础科学就像建筑中的地基，应用科学就是地面上的一切建筑。如果地基有问题，即使房子盖得再好也不会长久。

在补充说明中，李政道一再强调基础科学的重要性，认为它是一切科学研究的基础，它的作用不在眼前，而在于几十年甚至上百年后。比如我们现在的应用科学激光、核武器、计算机等新科技，都是在几十年前在基础科学上发展起来的，这是一种前人栽树后人乘凉的因果关系。

第二天一早，李政道将《关于基础科学与应用科学的补充说明》印了几十份，送给昨天参加会议的每个人。为了祖国的科学事业，李政道不放弃任何一次努力的机会。

4. 毛主席接见

5月30日，是李政道一家结束回国访问、准备返回美国的日子。习惯早起的他已经洗漱完毕，正坐在沙发上看书，妻子秦惠君与儿子李中汉在一旁收拾随身衣物。

“丁零零——”茶几上的电话铃响了起来，李政道顺手拿起电话。

“您好，请问是李教授吗？”听筒里传来标准的北京口音。

“是的，我是李政道。”

“您好，李教授，我是负责接待您的小徐。毛主席将要在中南海接见您与夫人，请准备一下，我们一个小时后派专车接您。”

“啊，真的吗？太好了！”

放下电话后李政道抑制不住内心的激动，一边兴奋地搓着手，一边在客厅里来回走动。

能够见到毛主席是他盼望已久的事情，而此刻除了感到激动和荣幸外，更让李政道欣喜的是可以直接向中国的最高领导人陈述自己对祖国科学发展的建议。

一个小时后，小徐来到了门口，告诉他们主席派来的专车已经到达楼下。两个人在小徐的带领下，乘坐着红旗轿车穿过长安街，驶进了新华门，绕过红墙，车子一直开到了毛主席的住处——丰泽园。当时国务院副秘书长罗青长，国防科工委副主任朱光亚等人都在那里等候他们。在朱光亚的带领下，李政道夫妇走进了毛主席的书房。

这是一间比较宽敞的屋子，用一架屏风从中间隔开，一半是卧室，一半是会客厅。屋子的四周都是书柜，几乎占据了所有的墙壁，里面分门别类地摆放着各种书籍。卧室一侧有一张简易的大床与一套木制的桌椅，床上大约有三分之一的位置摞着厚厚的书籍，桌上除了主席的茶杯、墨盒、一摞一摞的文件外，有一件物品特别引人注目，就是一盏极大的台灯。像这样大的台灯在主席的卧室里一共有三盏，另外两盏放在书柜上，便于主席在床上看书使用。会客厅里是一排摆成半圆形的沙发，沙发上是米色的布套，每两张沙发之间都摆放着一个茶几，上面铺着白色的垫子。整个屋子给人的感觉不像是国家领导人的房间，而是一位学者的住处。

看到李政道等人走了进来，毛主席在两名护理人员的搀扶下从沙发上站起来，此时的主席已经是80多岁高龄，身体不好，但脸上依然露着真诚而慈祥的笑容。他向李政道热情地伸出了手，说："我现在身体不太好，有时候连话也讲不清楚了，你可以让她们帮着翻译。"主席指的是他身边的两名护理人员王海容和唐闻生，怕李政道听不懂自己的湖南话。

李政道赶紧上前握住了毛主席的手，心中无比激动。主席用他一贯风趣、幽默的谈话方式问道："你是哪里人？"

"我是上海人。"李政道回答。

"有上海，有没有下海呀？"

"这个不知道。"李政道先是愣了一下，不知道主席用意，只好老实回答。

"有上海就要有下海呀，不然就该不对称了嘛。"主席说完爽朗地笑了。

此时大家恍然大悟，也都跟着笑了起来。

一个轻松的玩笑让现场的气氛顿时轻松起来，李政道也不那么拘谨了。

接着主席又问："什么是物理学中的对称？"

"对称就是'对比相称'，它本质上是一种静态的观念。但是在物理学上所讲的对称既包括静止状态，也包括运动状态。”

主席似乎没有听明白，仍然看着李政道，期待他的进一步解释。

李政道想：主席是研究哲学的，从哲学角度他无法理解物理学中的对称概念，怎么才能简单明了地向主席解释清楚物理学中的对称呢？

突然，他看到手边的茶几上放着铅笔和报纸，灵机一动。李政道先拿起报纸对折，然后把笔放在报纸的中间，提着报纸的开口处，先向主席一边倾斜，报纸里面的笔自然滑向主席一端，接着他又将报纸向自己的方向倾斜，笔又滑向自己一端。李政道向主席解释说：“这就是物理学上的对称性，在这个实验中，笔是运动的，但运动是有规律的，左一下右一下，整个的运动过程是具有对称性的。”

主席理解了对称性后，又向他了解国际物理学的发展情况。李政道从 1895 年伦琴发现 X 射线讲起，到爱因斯坦的相对论，再到量子场论、原子核物理学及粒子物理学的发展情况。主席很认真地听着，有时问上一两句，他说：“物理学是一门很有意思的科学，可惜我没有时间在这方面作一些研究。我在年轻的时候，倒是曾经读过一本名叫《科学大纲》的书，是著名科学家汤姆生所著，里面言简意赅地讲了很多科学知识，至今还让我印象深刻。”

谈话进行了一个多小时，似乎没有结束的迹象，他们的话题从自然科学到社会科学，从物理学到哲学，内容广泛，甚至在古代文学上，两人也进行了深入的探讨。毛主席不但是一位伟大的领导人，同时也是一位伟大的诗人，而李政道从小就对中国的诗词有浓厚的兴趣，李政道向主席介绍了当时在西南联大读书时的校歌，其中有一句“千秋耻，终当雪。中兴业，须人杰”，主席听了非常赞同。随着谈话内容的不断变化，李政道为主席渊博的知识所折服，他感觉自己不像是在同一个亿万人口大国的领导人对话，而是在同一位学识渊博的专家讨论问题。谈话接近尾声，李政道心里正盘算着如何向主席提出自己的建议，不料毛主席却说：“你的建议书我看到了，开办少年培训班的想法很好，值得深入研究，但是基础科学和应用科学的关系没有讲清楚。”

李政道听说主席支持他的想法，心中暗自惊喜；而听到主席说没有讲清楚基础科学和应用科学的关系时，他由衷地佩服主席的敏锐洞察力。

他想主席肯定没有看到自己后来的《关于基础科学与应用科学的补充说明》，于是又简要地把补充说明的内容向主席复述了一遍，这回主席满意地点头：“我就说嘛，正常顺序应该是：实践——理论——实践，即理论是从实践中得来的，又用于对实践的指导，怎么会将理论排在第一位。”

会见结束后，毛主席坚持把李政道送到门口，这是李政道第一次见到毛主席，也是最后一次。主席平易近人的形象、睿智的头脑、渊博的知识、敏锐的洞察力让他至今难忘。

当天的《人民日报》在一版头条刊登了毛主席会见李政道的报道，内容为：“毛泽东主席今天上午会见来华探亲、访问的美籍中国物理学家李政道博士，同他进行了极为亲切的谈话。会见时在座的有朱光亚、罗青长、王海容和唐闻生。”虽然只有短短的几行字，却用“极为亲切”来形容两人的谈话内容。

与毛主席见面后，李政道深受鼓舞，他知道自己的建议有了主席的支持，会减少许多阻力。

在1978年，中国科技大学正式开设“少年班”，并招收了第一批学生。少年班在全国范围内选择了21名优秀少年，他们的平均年龄为14岁。在美国哥伦比亚大学的李政道得到少年班成立的消息后，激动不已，在那个特殊的年代，李政道冒着极大的危险，为了祖国科学事业的发展和科技人才的培养，不遗余力地贡献着力量。

第二天，李政道乘坐专机回国，在机场的送行人群中，有一位毛泽东主席办公厅的同志。他来到李政道面前，双后捧着一个盒子说：“李教授，这是主席送给您的礼物。”

李政道接过盒子，让那位同志转达了自己对毛主席的谢意。

他在飞机起飞时打开了盒子，里面正是毛主席昨天谈话时提到的，1923年原版汤姆生所著的那本《科学大纲》。李政道的心里充满了感动，一直将这本书珍藏至今。

5. 北京正负电子对撞机的建成

1976年，中国粉碎了“四人帮”，结束了十年“文化大革命”的混乱局面，迎来了科学文化快速发展的时期。

1977年2月，李政道夫妇第三次回国访问。华国锋同志接见了他们，李政道再次向中央领导人提出了基础科学的重要性，并与华主席讨论了中国高能物理的发展计划。

当时，中国已经制订了建造40GeV（电子伏特）的质子同步加速器计划，简称为“八七工程”。李政道从自己多年物理研究的角度出发，觉得这种加速器对于当时中国物理长远发展的意义不大，而且花费很高，提出了反对意见。他与袁家骝、吴健雄夫妇联名提出建造“正负电子对撞机”的计划，并将计划内容以书面的形式报给了张文裕所长，遗憾的是，最终他们的建议没有得到采纳。

李政道看到“八七工程”已经正式启动，并且得到了国家领导人及国内一些专家的支持，就想：“既然国家已经做出了决定，那自己就应该努力配合，完成使命，才能不负国家所托。”

于是李政道又开始积极协调，为“八七工程”的顺利开展不遗余力地忙碌着。以中国当时的科技能力，无法独立完成这一巨大工程项目，因此，张文裕所长向美国有关实验室表达了合作的愿望。李政道为促进中美两国实现科技合作，积极努力。他在1978年以个人名义成功将美国五大实验室的负责人召集到一起，五大实验室都表示愿意与中国合作。

在大家的积极努力下，1979年1月，邓小平访问美国，与美国政府签订了包括高能物理在内的多项科学技术项目合作协议。

在接下来一年多的时间里，中美两国高能物理实现了频繁的合作，几十个合作项目顺利进行，许多学者组成了访问团到美国学习、考察。随着两国科技工作者交流的增多，我国的高能物理发展水平不断提高。

就在“八七工程”如火如荼进行的时候，邓小平主席在1980年底，对国民经济做出了重大调整，“八七工程”属于调整内容，被勒令下马。但是这并不意味着中国放弃高能物理研究，而是决定用新的，更适合中国国情发展的项目来代替它。

这次调整虽然让李政道感到很突然，但是能有更好的方案代替“八七工程”，对于中国物理的发展来说也是一件好事。于是他一方面做“八七工程”的善后处理工作，一方面考虑提出新的，更适合中国高能物理发展的方案。“山重水复疑无路，柳暗花明又一村。”虽然中国高能物理发展的道路曲折，但李政道认为中国高能物理的发展前途应该一片光明。

经过认真思考，李政道觉得应该请中、美两国研究高能物理加速器的专家，共同探讨中国建造加速器新方案。1981 年 3 月，他在费米实验室组织了讨论会，哥伦比亚大学的物理系教授及美国其他大学加速器的专家们悉数参加，中国派来朱洪元、谢家麟两位教授，正在美国访问的叶铭汉教授等作为访美学者的代表也出席了会议。

朱洪元教授首先在讨论会上介绍了他从中国带来的新方案，李政道听了新方案的内容，心里一下子凉了半截。原来国内的新方案与下马的“八七工程”内容基本相同，只是在时间上有所变动，李政道内心感到很无奈。这时在美国访问的 15 位中国学者提出了建造正负电子对撞机的方案，得到了大多数与会专家学者的支持。斯坦福大学直线加速器中心的主任潘诺夫斯基教授，则直接提出建造 2×22 亿电子伏特正负电子对撞机。

为了进一步论证潘诺夫斯基的建议，使加速器的方案更加完善，李政道带领朱洪元、谢家麟两位教授去了加州的斯坦福实验室，邀请那里的专家共同讨论。当时，有 20 多位加速器的专家就中国方案的物理目标和技术问题进行了细致而深入的讨论，对一些具体内容提出了新的意见和看法。经过这次论证，李政道认为加速器的方案已经逐步成熟，于是便由两位教授把这份外国专家的方案带回北京。

1981 年 5 月中旬，中国政府在北京香山召开论证会，正式确定建设 2×22 亿电子伏特正负电子对撞机方案，并将方案正式命名为北京正负电子对撞机，简称 BEPC，此刻李政道才松了一口气。

谁知到了 9 月，事情又发生了变化，中科院的领导仍然坚持使用原来质子加速器方案，这次李政道再也坐不住了，他对邓照明、朱洪元与谢家麟三位代表说：“怎么可以出尔反尔呢？这又不是小事情，是经过了许多次会议研究的结果，中国高能物理的发展依赖于这一项目的建设，在‘八七工程’上我们已经浪费了很多时间，又耗费了很多人力和财力。这次的方案已经非常完善，无懈可击，我坚决不同意临时换方案！”在他的一再坚持下，三位代表又回到国内重新向领导请示，经过一系列的努力终于保住了北京正负电子对撞机项目。

1981 年 12 月，邓小平在中科院的报告上正式批准建造 2. 2GeV 正负电子对撞机方案。

李政道在国家的利益和科学的真理上不畏强权、不惧危险、绝不妥协的态度正是他作为世界著名科学家的优秀品质。

1984 年 10 月 7 日，北京正负电子对撞机工程正式开始启动，邓小平主席参加了奠基仪式，为基石亲笔题词：中国科学院高能物理研究所北京正负电子对撞机国家实验室。仪式后他亲切会见了参加工程建设的科技人员和职工代表，并希望全国各部门能够通力合作，保证工程如期完成。他说：“我相信这件事不会错。”

经过四年的努力，1988 年 10 月 16 日凌晨，中国第一座高能加速器——北京正负电子对撞机首次对接成功，这是中国科学技术史上继原子弹、氢弹爆炸之后的又一次庞大、复杂的科研工程，是新中国在高科技领域再一次取得的重大突破性成就。《人民日报》称赞说：“它的建成和对撞成功，为我国粒子物理和同步辐射应用开辟了广阔的前景，揭开了我国高能物理研究的新篇章。”

李政道也掩饰不住内心的激动，十几年的努力在这一刻终于圆梦。他兴高采烈地说：“北京正负电子对撞机对接成功，是国际高能物理界的一件大事，我们只用了四年时间就完成了如此复杂的高技术工程，说明中国对撞机的各种设备、部件的质量、安装调试的水平已经达到了世界先进水平。我们从无到有这一步跨得很大，已经大大缩短了中国与世界先进国家在高能物理研究方面的差距。”

10 月 24 日，邓小平等中央领导人来到了北京西郊，为北京正负电子对撞机国家实验室的工作人员庆功。邓主席走进大厅，第一个就与李政道握手，他说：“感谢您为这个工程所做出的努力！”在会上，邓小平发表了《中国必须在高科技领域占有一席之地》的重要讲话。

6. CUSPEA 计划

自从 1972 年第一次回国后，李政道就为祖国的科学事业和人才培养殚精竭虑，他的夫人秦惠君女士也是全力以赴协助丈夫。在 1979 年的春天，李政道应中国科学院的邀请，为科技大学研究生院的学生讲学。他工作认真、一丝不苟，为了能在最短的时间内向国内的学生传授更多的知识，他坚持每天讲课三小时。这样算下来，连续7周的课程就是100多个小时。而在美国，李政道每年只讲28~40个小时，在中国7周相当于美国三年的工作量。

为了保证教学质量，李政道每天三四点钟就起床，一边备课一边做实验研究，讲课时间是在下午2点到5点。在课堂上，他反对死记硬背不动脑筋。为了使课堂气氛活跃，他经常与同学们谈心，甚至在课堂上讲笑话、做游戏以调动大家学习的积极性。此外，他还借鉴自己导师费米教授成功的教学经验，鼓励学生培养多方面兴趣，对专业课以外的其他知识也要广泛涉猎、汲取营养，这样才能保证敏捷的思维和灵活的头脑。

通过与学生的深入接触，李政道发现国内有很多素质高、有发展潜力的研究生，但因为当时国内物理实验条件落后，潜力得不到挖掘，才能得不到施展。而当时的中国又严重缺乏高端物理人才，于是李政道就想："怎样才能让中国的研究生到国外去开阔视野，学习更多的知识，再来为祖国服务呢？"

当时中国刚刚实行改革开放，与美国各大学之间缺乏沟通了解。美国大学向世界范围招收研究生要通过GER考试，而中国当时根本就没有相关的考试设置，派遣留学生无从下手。在这种情况下，李政道就想通过自己在哥伦比亚大学的影响力，先从哥伦比亚大学开始，向中国招考研究生。

在他的积极努力下，哥伦比亚大学第一次决定向中国招收5名博士研究生，并且提供每人每年2万美元的学习费用。李政道立即将这一消息报告给中国科学院，在科学院领导严济慈的大力支持下，5名学生很快来到哥伦比亚大学学习。经过一个学期的努力，中国的5名学生在各科考试中成绩优异，几乎包揽了前几名。看到这些学生的优秀表现，李政道非常欣慰，同时哥伦比亚大学也表示，愿意继续接收中国留学生。

此时李政道心里盘算着如何把这一方法向其他大学推广，以便让更多的中国学生有出国学习的机会。他在心中酝酿了一个大胆的想法，经过仔细思考后，他给当时主管科技、教育的方毅副总理写了一封信，提出了“中美联合招考研究生计划”（简称为CUSPEA 计划）设想。这个计划就是李政道利用自己在美国的影响力和声望，联合美国科技水平较高的几十所大学，面向中国招考研究生，并且由招考大学负责学生的日常费用。方毅副总理非常支持这项建议，很快在中国科学院成立了 CUSPEA 办公室。而美国方面在李政道不懈的努力下，许多大学也积极响应这一做法，表示愿意接收中国研究生。李政道与中国科学院及美国各大学制定了具体招考办法：由各大学联合出题，中国科学院组织国内研究生参加统一考试，成绩合格者可以申请就读于考试前填报的美国大学，由该大学提供相应的学习费用。这样不仅省略了中国留学生入学的各种复杂手续，还减轻了国家和留学生的经济负担。

很快 CUSPEA 计划得到具体实行，在北京大学、复旦大学、南开大学、中山大学等院校设立考场，举行考试，为中国派遣留美研究生开辟了一条新途径，为中国培养了许多高水平的物理人才。

CUSPEA 计划实施后，中国物理学界每年都有约 100 名研究生通过考试赴美学习深造，这可忙坏了李政道，因为 CUSPER 计划的大部分事项都是由他亲自联系的。妻子秦惠君女士看到这种情况，也参加进来，积极帮助中国的留学生解决学习与生活中遇到的问题。

为了能使中国的留学生顺利进入美国学校学习，李政道与妻子做了大量的工作。每年，他们光是发出去的信件就有上千封。夫妻两人亲力亲为每一件事，生怕哪个细节的疏忽给离家在外的学子们带来麻烦。甚至连贴邮票、投寄邮件这样的小事情，他们都亲自动手，这样常常将住宅附近的几个邮筒都塞满了。时间一长，他们的举动引起了附近邮局工作人员的注意，特意跑到家里咨询两人的工作性质。有时候附近的邮筒塞不下，李政道就开着车，把成捆的信件直接送到邮局。

秦惠君还有一项重要的任务就是在家里接听留学生打来的求助电话。当时中美关系还处于发展的初级阶段，各种服务机构还不完善，留学生在学习和生活中遇到各种问题，都想请求李政道帮助。而李政道与秦惠君都是年轻时独自在异国他乡求学，深知海外留学的艰辛，对于留学生的问题，他们总是尽力帮忙。这样时间一长，李政道的家里就成了留学生们的“海外之家”。

1984 年，李政道第六次回国访问，受到了邓小平主席的亲切接见，邓小平就李政道为中国物理学的发展做出的贡献给予了很高的评价。李政道借此机会向邓主席建议在中国设立“博士后科技流动站”，邓主席笑着问：“博士这个名称在我们国家的汉朝就已经有了，博士就是知识很渊博的意思，那为什么还要设立博士后呢?”李政道解释说：“博士后与博士不同，他不是一个学位称呼，而是表示一段工作经历，一般是指在取得博士学位后，继续留在高等院校或研究机构，从事一定时期的科学研究工作。”接着他又形象生动地解释了博士后与大学生、研究生、博士生的区别，他说：

“大学生是由老师讲解知识，然后出那些已经有答案的问题，经过考试合格后发给大学毕业证，获得学士学位；研究生分为硕士研究生和博士研究生两种，都是由老师提出不知道答案的题目，要求学生运用自己所学的知识进行解答，然后由老师们共同分析讨论，认为解答合理，就发给研究生毕业证，获得硕士学位或博士学位；如果到了博士后阶段，就是自己给自己出题，然后发挥自己的聪明才智，独自研究解答，从而培养独立的工作能力，这才是真正做学问、做研究，这就是博士后要经历的过程。”看着邓主席时而认真倾听，时而点头表示同意，李政道又着重强调了在中国设立“博士后科技流动站”的重要性。

他说：“中国是世界大国，必须培养一部分具有高水平的科技人才，从研究生成为博士后，实际上就已经具有了独立的研究能力，因此博士后的设置是非常有必要的。年轻的博士必须在学术气氛活跃的环境里，经过几年独立工作的锻炼，才能逐渐成熟。通过几年的独立研究，年轻人在拓宽知识面的同时，进一步培养独立思考、工作的能力，逐渐成为具有较高水平的专业人才。”

李政道的建议得到了邓小平主席的高度肯定，他兴致勃勃地说：“成百上千的流动站成为培养使用科技人才的地方。培养和使用相结合，在使用中培养，在培养中使用，这样就能在中国发现更多、水平更高的人才啰。”后来，邓主席还专门对我国实行“博士后”的目的、意义、发展方向以及具体措施等都做出了明确指示。1985 年 7 月，我国的博士后制度正式确立。

从研究生阶段起，李政道即与天文学结下了深厚的缘分。近年来他还撰文研究天体物理与理论物理交叉领域的重大难题——宇宙中的暗能量问题。他认为，宇宙的总能量中只有5%是已知物质的能量，其他95%我们都不了解，其中25%是暗物质，70%是暗能量。之所以有暗能量，是因为天外有天，也就是说我们的宇宙之外可能有很多的宇宙。他认为："望远镜的发明是人类科学发展史上极重要的大事，值得举办各种活动来纪念。"而自己所做的一切努力则是"以天之语，解物之道"。"天之语"，是客观存在所传达出来的信息；"物之道"，是人类作为创造者，在不断的探索和传承中发展出来的科学、文化和道德情怀。李政道觉得自己的追求、感悟及业绩是天人感应使然。

2014年12月28日，国内唯一一家收藏和展示诺贝尔奖章原件和证书原件的场馆——李政道图书馆正式在上海交通大学闵行校区落成开馆，场馆的天桥上是一行遒劲有力的浮雕汉字——"以天之语，解物之道"，这八个由李政道亲笔书写的汉字，也是他一生的追求、感悟与心声的写照，同时也是图书馆陈列展览的主题。图书馆为地面四层，建筑面积约6500平方米。馆内空间以"天之语"为设计元素，"物之道"为陈展思路，通过问道、悟道、传道及超弦四个部分，展现李政道"物理巨擘、赤子情怀、科艺双馨"的伟大成就。展品涵盖李政道毕生所藏科研手稿、博士学位证书、大量知名艺术家作品、工作生活剪影等珍贵资料，共收录论文3400余篇、手稿5700余份、信函4万余封及图书、音视频等资料两万余件，这其中诺贝尔奖金牌原件及证书原件成为该馆镇馆之宝。

李政道图书馆

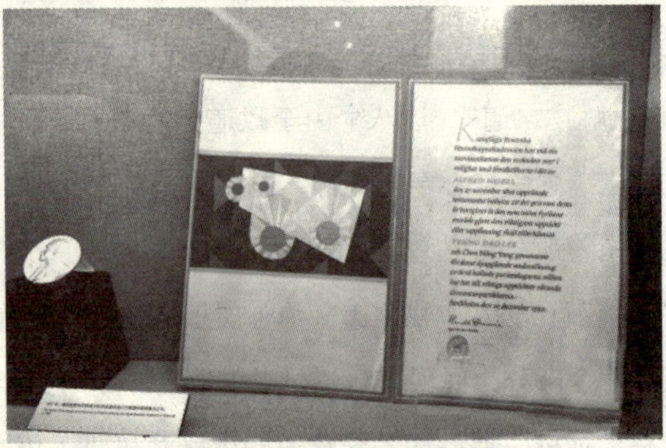

馆内陈列的李政道获奖证书、奖章

7. 君政基金

爱情是人类最美好的感情，能够拥有一份真挚而长久的爱情，是许多人心中的愿望。李政道与妻子秦惠君真挚而浪漫的爱情故事，成为许多年轻人追求的目标。而两人美好的爱情也成为事业成功、生活幸福的源泉。

李政道与秦惠君是在芝加哥大学认识的，从相识、相知、相爱，到相濡以沫，两人共同走过了40多年的风风雨雨。为了支持李政道的科学事业，秦惠君主动放弃了自己的学业，承担起家庭的重担。李政道在科学上取得的辉煌成就与秦惠君在背后默默的支持是分不开的。

可是天有不测风云，1996年春天，秦惠君被查出罹患肺癌，这个噩耗像晴天霹雳一下子打乱了李政道全家的正常生活。李政道更是停止了所有的工作，陪同妻子与病魔抗争。

这是一段极为艰难的日子，看着被疾病折磨的妻子，李政道心痛不已。他每天奔波在医院与家里之间，给妻子无微不至的照顾，秦惠君的一切事情他都要亲自料理，喂水、喂饭、吃药、按摩，事事亲力亲为，还动手给妻子熬粥、煲汤以补充营养。秦惠君知道自己的病情有多么凶险，看着累瘦了一圈的丈夫，她非常心疼。在治疗中秦惠君忍受着极大的痛苦，但她依然保持着往日的笑容，生怕丈夫担心。

全家人都尽一切努力，希望挽留住秦惠君的生命，可是，癌细胞的扩散让任何人都无能为力。秦惠君决定最后几个月和亲人一起度过，她从医院搬回到家里，像往常一样拆看留学生的信件，将来信与电话记录一一分类，然后派儿子及媳妇进行处理。对待这些海外留学生秦惠君像对待自己的孩子一样关心、爱护，随着病情的加重，她的心中一直在酝酿一件事情。

一天李政道像往常一样为她按摩，秦惠君拉着他的手说："政道啊，我们一起走过了40多年的风风雨雨，我很庆幸能在茫茫人海中找到你。"

"是我该庆幸才对，因为有你的陪伴，我才不虚度此生，能够有所成就。"李政道握着她的手说。

秦惠君沉默了一会儿，大概是在回忆他们生活中的点点滴滴吧，然后接着说："这段时间，我想了很多，从我们认识的时候想起，到为了祖国的科学发展一次次回国，再到后来的留学生计划，我的心中一直有个愿望，那就是希望那些国内的大学生能像我们年轻时一样，有出国留学或是接触科学家的机会。现在国内的许多年轻人都对科学研究不了解，总认为搞科学研究的人很神秘。我想如果能够创造机会，让他们多与科学家交流、沟通，就能增加他们对科学研究的兴趣。这样不但能开阔他们的视野，还会让他们在与科学家的接触中，学习那种执着、坚韧、锲而不舍的精神，这样做对于我们国家年轻一代的成长非常有好处。"

"你的想法很有远见，"李政道被妻子对祖国深沉的爱所感动，他说，"我认为可以让青年人利用假期进行参观访问，这样就能增加他们与科研部门及科学家的沟通、交流，增进他们对科学家和科学研究的了解。"

"对呀，就是这样，我们还有一些积蓄，我想把它拿出来，用于帮助这些孩子，你看怎么样?"秦惠君见李政道完全理解了自己，非常高兴。

"当然好了！人这一生啊，名誉、地位、金钱都不重要，最重要的就是能够帮助国家，帮助他人。"

1996 年 11 月 29 日，秦惠君带着对祖国、对家人、对中国青年一代深深的爱离开了，祖国失去了一个好女儿，青年人失去了一位好妈妈，李政道失去了一位生活中的好伴侣、工作上的好助手。

刚刚举行完葬礼，李政道就与两个儿子、儿媳及在美国的亲友召开了一个家庭会议，向大家宣布了妻子决定拿出所有的积蓄，成立“君政基金”的遗愿，亲友们都表示非常支持。

接下来，李政道与儿子们为了完成秦惠君的遗愿，又开始了忙碌的工作。

他们首先制订了“君政基金”的计划，李政道说：“‘君政基金’的宗旨就是为了让中国的优秀学生，利用他们的假期或课余时间，去科研单位参观和实习。通过与科研部门的交流、学习，加深他们对科学研究的了解，激发他们对科学研究的兴趣。”

接着，李政道选择了四所学校作为“君政基金”的实施范围，它们是：中国首都北京市的北京大学；李政道家乡上海市的复旦大学；秦惠君的祖籍、甘肃省兰州市的兰州大学；李政道的祖籍、江苏省苏州市的东吴大学，也就是李政道的爷爷创办的东吴学院。

1998 年 1 月，“君政基金”的成立仪式在北京举行，中央的领导、教育部门的同志及四所大学的校长都出席了仪式典礼，时任国家副总理温家宝在典礼上作了重要讲话，他高度赞扬了李政道与秦惠君为祖国的科学发展、教育事业做出的巨大贡献，并对“君政基金”的重要意义给予了充分肯定。典礼上还宣读了朱镕基总理的亲笔贺信，信中对李政道夫妇为国为民的奉献精神给予了高度的评价。中央领导对“君政基金”的关注与支持让李政道非常感动。

回到美国以后，李政道把朱总理的亲笔信放在了妻子的灵位前。原来在秦惠君去世后，李政道就在自己的工作室里布置了一个小小的灵位，用来寄托对妻子的哀思。灵位前面挂着秦惠君生前最满意的照片，照片的左侧是一幅李政道为了表达对她的思念画的“惠君永远在我心中”的水墨画和一首对妻子的悼诗，照片的右侧是李岚清副总理为悼念秦惠君写的一首和诗。

此后，李政道把对妻子无尽的爱都倾注到了“君政基金”上，各大学中每年申报“君政基金”的人数特别多，大家把“君政基金”资助参观访问的学生亲切地称为“君政学者”。按照秦惠君女士的遗愿，每年“君政学者”中，要有一半是女生。“君政基金”管理委员会决定，“君政基金”每年举行一次汇报大会，由“君政学者”的代表介绍参观访问中的内容、趣事及成果，每一次，李政道都亲自参加，根据“君政学者”们的汇报情况，及时调整基金项目。

有一次，他发现参观访问的学校为“君政学者”们布置了科学研究课题，并指派教授进行指导。他认为这种做法非常好，给学生们搭建了一个了解科学活动、参与科学实验的平台，于是积极把这种方法推广到其他学校，提高了“君政学者”们的实践水平。

“君政基金”的另一个重大突破是实现了海峡两岸大学生的交流。

2001 年 7 月，北京大学、清华大学等四所高等院校派出了 32 名“君政学者”来到台湾的新竹，参观访问新竹的“清华大学”。

新竹的“清华大学”是台湾数一数二的院校，与北京的清华大学齐名，并且有着深厚的历史渊源。“君政学者”此次参观访问新竹“清华大学”，受到了该校师生的热烈欢迎，并为他们安排了参观、座谈、联谊、“进入家庭”等丰富多彩的活动。大陆的“君政学者”与新竹“清华大学”的师生进行了欢快、友好的交流，感受到了新竹“清华大学”良好的校风、对科学严谨的态度及同为炎黄子孙的手足之情。而这次“君政学者”中也有清华大学的学生，他们的感触更深，更为亲切。

几个月后，新竹的“清华大学”也派来了32名“君政学者”来到大陆的四所高校进行互访，四所大学除了安排正常的访问活动外，为了加深台湾同胞对祖国大陆的了解，还特意为他们安排了“中国名胜古迹”的参观活动。虽然海峡两岸大学生两次的交流时间只有六周，但是却给双方留下了深刻的印象，增进了他们的感情。“君政基金”为实现海峡两岸大学生的相互了解、相互促进搭建了“直通车”。

“君政基金”自1998年建立以来，发挥了重要的作用，对中国大学生的个人素质、研究创新能力及沟通交流能力都有着一定程度的提高。北京大学已经将相关院校为“君政学者”安排的研究课题，列为学校课程教育体系的一项内容，可以将成绩计入学分。而上海复旦大学，则依照“君政基金”的模式，每年安排一百万资金，为一、二年级的大学生提供从事科学研究的机会。

“君政基金”还在继续实施，惠及的学生越来越多，作用也越来越大，而李政道与秦惠君的爱情故事也被大家传颂，“君政基金”既是他们爱情的延续，也是他们爱情的升华……

参考文献

[1] 季承：《诺贝尔奖中华风云——李政道传》，国际文化出版公司 2010 年版。

[2] 岳梁：《华人十大科学家·李政道传》，河南文艺出版社 2012 年版。

[3] 施宝华、柳怀祖：《著名物理学家李政道和夫人秦惠君的故事》，《科学时报》，2005 年 4 月 1 日。

[4] 施宝华：《邓小平的科学家朋友》，作家出版社 2014 年版。

[5] 宓奔：《李政道的故事》，《科学启蒙》，2004 年第 5 期。

[6] 闵捷、曾伟：《我给毛主席演示“对称”——李政道接受专访话当年》，《北京青年报》，2001 年 10 月 31 日。

[7] 蒋东明：《李政道传》，长春出版社 2003 年版。

[8] 李政道数字图书馆（http：//tdlee. ccast. ac. cn/）。